Everyday
Toast

Collect
06

Everyday Toast #토스트일기
내일이 기다려지는 70가지 토스트와 샐러드

1판 1쇄 인쇄 2020년 12월 30일
1판 1쇄 발행 2021년 1월 11일

지은이 연서인
발행인 김태웅
책임편집 김지수 **기획·편집** 김다빈
디자인 석윤이 **삽화** 구은선 **교정교열** 송지영
마케팅 총괄 나재승
마케팅 서재욱, 김귀찬, 오승수, 조경현, 김성준
온라인 마케팅 김철영, 임은희, 김지식
인터넷 관리 김상규
제작 현대순
총무 안서현, 최여진, 강아담, 김소명
관리 김훈희, 이국희, 김승훈, 최국호

발행처 (주)동양북스
등록 제2014-000055호
주소 서울시 마포구 동교로22길 14(04030)
구입 문의 전화 (02)337-1737 팩스 (02)334-6624
내용 문의 전화 (02)337-1734 이메일 dymg98@naver.com

ISBN 979-11-5768-673-5 13590

○ 이 책은 저작권법에 의해 보호받는 저작물이므로 무단 전재와 무단 복제를 금합니다.
○ 잘못된 책은 구입처에서 교환해드립니다.
○ (주)동양북스에서는 소중한 원고, 새로운 기획을 기다리고 있습니다.
http://www.dongyangbooks.com

이 도서의 국립중앙도서관 출판예정도서목록(CIP)은 서지정보유통지원시스템
홈페이지(http://seoji.nl.go.kr)와 국가자료공동목록시스템(http://www.nl.go.kr/kolisnet)에서
이용하실 수 있습니다.(CIP제어번호:CIP2020049148)

Everyday Toast

Collect 06

#토스트일기

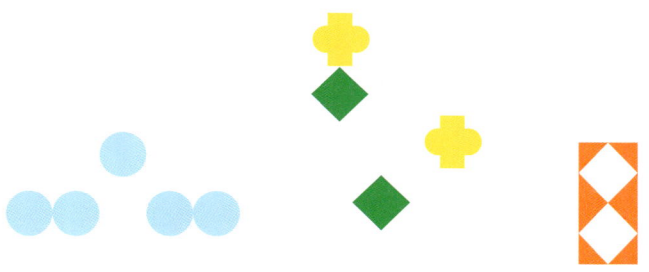

내일이 기다려지는 70가지 토스트와 샐러드   연서인 지음

동양북스

◆ Contents ◆

Prologue 토스트 일기의 시작 10

토스트를 만들기 전에 13

토스트 일기 쓰는 날
빵과 자주 쓰는 재료
자주 쓰는 도구

간단한 토스트

- 오이 토스트 29
- 오이 양파 토스트 30
- 레몬 토스트 33
- 토마토와 쪽파 토스트 38
- 구운 토마토와 모차렐라 치즈 43
- 아스파라거스와 적양파 토스트 44
- 체리 토스트 47
- 마스카포네 치즈를 더한 딸기 토스트 50
- 자두 토스트 53
- 무화과 블루베리 샐러드 56
- 무화과 블루베리 토스트 58
- 바질페스토를 곁들인 토마토와 부라타 치즈 62
- 브리 치즈와 블루베리 토스트 66
- 청포도 블루베리 토스트 70
- 토마토 모차렐라 토스트 74

- 레몬 라임펄을 올린 아보카도 토스트 79
- 아보카도와 토마토 토스트 81
- 아보카도와 쪽파 토스트 82
- 구운 초리소와 미니 양배추 87
- 아보카도와 초리소 샐러드 88
- 아보카도와 초리소 토스트 90
- 생강 잼을 올린 배 토스트 93
- 감 잼과 감 토스트 96
- ◆ 요리는 개인적인 일이니까! 99

2

기운이 필요한 순간, 평일의 토스트

- 시나몬 사과 토스트 108
- 사과와 에멘탈 치즈 토스트 113
- 땅콩버터와 고구마 토스트 115
- 구운 고구마 토스트 118
- 땅콩버터와 바나나 토스트 121
- 콘버터 토스트 124
- 구운 초당 옥수수 토스트 127
- 밤고구마 토스트 129
- 팥버터와 시골 식빵 132
- 구운 브리 치즈와 바게트 135
- 구운 바나나 토스트 138
- ◆ 가족이 되어가는 중 143

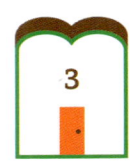

3

빵은 거들 뿐,
오늘은 샐러드다!

- 하몽과 복숭아 샐러드 150
- 멜론과 보코치니 치즈 샐러드 153
- 청포도 샐러드 156
- 새우와 자몽 샐러드 159
- 새우와 토마토를 곁들인 보코치니 샐러드 163
- 복숭아 샐러드 165
- 자몽과 적양파 샐러드 168
- 구운 단호박과 새송이버섯 171
- 토마토와 체리 그리고 복숭아 샐러드 175
- 부라타 치즈와 토마토 176
- 구운 파프리카와 초당 옥수수 샐러드 179
- 딸기와 블루베리 그리고 석류 샐러드 183
- 청귤 샐러드 187
- 데친 새우와 청귤 샐러드 189
- 아보카도와 귤 샐러드 195
- 모차렐라 치즈와 토마토 샐러드 196
- 콘버터와 아보카도 샐러드 198
- 레드향 샐러드 201
- 토마토 새우 샐러드 203

◆ 고양이는, 집 207

4 주말의 토스트

- 구운 방울토마토와 달걀 토스트 214
- 구운 방울토마토와 미니 사과 토스트 219
- 구운 파프리카 토스트 221
- 얼그레이 복숭아 토스트 224
- 석류 토스트 227
- 브리 치즈와 사과 토스트 231
- 으깬 감자와 사과 토스트 234
- 햇감자 토스트 236
- 삶은 달걀과 사과 토스트 239
- 삶은 달걀과 야채 토스트 243
- 자두 감자 토마토 토스트 247
- 밤조림 토스트 250
- 버터 카레 토스트 255
- 고구마 수프와 와사비 크림치즈 토스트 259
- 새우 감바스 261
- 단호박 수프와 귤 샐러드 264
- 딸기 토스트 270

◆ 산책 같은 주말, 주말 같은 산책 272

◆

레몬청 34 · 레몬 제스트 35 · 블루베리 콩포트 68 · 청귤청 188
구운 방울토마토 217 · 밤조림 252 · 카레 256

◆ Prologue ◆
토스트 일기의 시작

한 회사에 다닌 지 꼭 10년이 되던 날, 근속 기념으로 감사패를 받았는데 기분이 묘했다. 내가 10년이나 한 회사에서 직장생활을 했다니! 그야말로 만감이 교차했다. 만고의 세월을 견뎌낸(?) 스스로에 대한 대견함과 그 시간 동안 경제적인 안정감을 가져다준 회사에 대한 고마움이 빛이라면, '앞으로의 10년은 어쩌지?' 하는 불안감은 어둠이었다. 10년간의 직장생활은 아주 극명한 빛과 어둠을 한꺼번에 가져다주었다.

회사에 다니며 동료, 친구들과 가장 많이 나눈 대화 중 하나는 아이러니하게도 "앞으로 뭐 하고 살지?"였는데 회사에서 이미 많은 일을 경험하고 있으면서도 이런 고민을 하는 상황이 웃기기도 하고, 또 마냥 웃을 수만은 없어서 한편으로는 슬펐다. 좋아하는 일과 잘하는 일에 대한 괴리나 일과 일상의 균형, 자아실현에 대한 욕망과 같은 주제들은 뒤로하고라도 '그래서 나는 어떻게 살고 싶은 걸까?' 하는 의문은 10년 동안 눈덩이처럼 커졌다. 회사에 계속 다니든 회사를 그만두고 다른 일을 하든 이 고민은 점점 더 커질 것이고 결국 이렇다 할 답을 찾지 못해 답답해지곤 할 것이다. 그래서 지금부터라도 마음을 가라앉히고 최대한 구체적으로 여러 선택지에 대해 생각해보려고 한다.

관심이 가는 일이 있다면 잘하려는 마음이 앞서 시작하기도 전에 포기하지 않도록 작게라도 저질러볼 생각이다. '토스트 일기'도 그런 소심한 도전 중 하나였다. 아침 식사로 토스트를 만들어 먹으며 사진과 함께 짧은 일기를 남기기로 한 것이다. 그간 요리와 높고 단단한 담을 쌓고 살아왔기에 몇 번 하다가 말지 않을까 했던 이 도전이 토스트를 만들수록 재밌고 보람차게 느껴졌다. 그 기록이 차곡차곡 쌓여 무려 150개가 되었다. '토스트' 일기라고 해서 사전적인 의미의 토스트(식빵을 얇게 썰어 구운 빵)만 내내 먹은 것도 아니었고, 반드시 토스트만 먹어야지 다짐한 것도 아니었다. 활력을 주는 일을 부담 없이 우선 해보자는 심산으로 꾸준히 했고, 너무 잘하려는 마음을 먹기 전에 계속 만들고 기록했다. 토스트 일기가 해답이 될 수는 없겠지만, 어떻게 살아야 하는지에 대한 고민은 이렇게 그저 하고 싶은 일들을 하나둘씩 해치워 나가면서 풀어보려고 한다. '토스트 일기'는 무심코 시작한 것에 비하면 시간이 지날수록 내 일상과 마음가짐에 꽤 크고 좋은 영향을 주고 있다.

 어려운 질문을 계속 마음속에만 품고 있으면 길을 잃거나, 길을 잃었다는 사실조차 잊게 된다. 그럴 때는 가벼운 마음과 즐거운 기분으로 가장 가까운 일상에서 활력이 될 만한 일을 찾아보는 것이 어떨까? 그동안 먹지 않던 아침 식사를 스스로 준비해본다거나, 출근 전에 가까운 카페에 들러 간단히 글을 써본다거나, 퇴근 후에 공원으로 나가 가벼운 산책을 시작해보는 일부터!

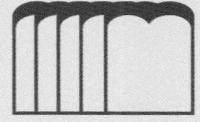

토스트를 만들기 전에

◆ 토스트 일기 쓰는 날 ◆

    토스트를 만드는 날은 평소보다 30~40분 일찍 일어난다. 바로 조리해야 맛있는 재료들은 아침에 일어나서 준비하고, 손질하거나 숙성시킬 시간이 필요한 재료는 전날 저녁에 부지런히 준비해두고 잔다. 냉동 보관한 빵이나 재료는 아침에 꺼내놓아 씻고 옷을 챙겨 입는 동안 해동하면 조금이라도 시간을 아낄 수 있다. 잠깐 재워두거나 식혀야 하는 재료들도 이 시간을 활용하면 훨씬 효율적이다.

    출근 준비를 마치면 본격적으로 만들기를 시작한다. 대부분 10~20분이면 만들 수 있고, 처음은 실패하더라도 두세 번 만들다 보면 성공할 수 있는 난이도 중, 하 수준의 레시피다. 실패해도 괜찮다. 아침 식사일 뿐이니까. 실패의 아쉬움은 훌훌 털고 다가올 점심 식사를 맛있게 하면 된다! 가벼운 마음으로, 즐거운 기분으로 시작해보자!

◆ 빵과 자주 쓰는 재료 ◆

◇ 빵 ◇

처음에는 식빵을 주로 먹었지만, 점차 바게트나 호밀빵 등 다른 빵에도 관심이 생겼다. 주로 동네에 있는 빵집에 들러 좋아하는 빵을 사고, 다른 동네에 놀러 갈 일이 생기면 그 동네의 맛있는 빵집을 알아본 뒤 사오기도 한다. 기본 빵에 해당하는 종류를 먼저 살펴보고, 직원의 추천이나 'Pick' 또는 'Best' 같은 푯말을 붙여둔 빵이 있다면 눈여겨보았다가 담는다.

자신의 식성에 따라 알맞은 크기의 빵을 고르는 것이 좋다. 예를 들어, 나는 '타르틴 베이커리'의 사워 도우를 좋아하지만, 크기가 너무 커서 만들어놓고 보면 아침 식사로는 양이 많은 편이라 자연스럽게 그보다 작은 빵을 선호하게 되었다. 토스트를 만들 때는 과일이나 채소, 치즈 등의 재료를 빵 위에 얹어 먹는 경우가 많아서 식빵보다는 크기가 작은 캉파뉴나 바게트가 알맞다.

　부드럽고 쫄깃한 식감을 좋아해서 바게트보다는 캉파뉴를 더 선호한다. 바게트는 굽고 시간이 지나면 금방 딱딱해지기 때문에 굽고 나서 다른 재료를 손질하는 시간을 잘 조절하지 못하면 딱딱해진 빵을 먹어야 하는 경우가 생긴다. 그래도 역시 바삭바삭한 식감을 좋아한다면, 바게트를 선택하는 것이 좋다. 어린 조카는 오븐에 갓 구운 바삭바삭한 바게트를 먹으러 종종 우리 집에 놀러 오곤 한다. 빵은 주로 하루나 이틀 분량을 잘라서 먹고 나머지는 알맞게 잘라서 냉동 보관한다. 냉동한 빵은 냉장고에서 꺼낸 후 오븐이나 팬에 구워 먹으면 비교적 오랫동안 맛있게 먹을 수 있다. 냉동한 빵은 되도록 2~3주를 넘기지 않고 먹는 편이다.

△

폴앤폴리나 연희점
서울시 서대문구 연희로11길 56
11:00-18:00, 일요일 휴무

△

타르틴 베이커리 한남점
서울 용산구 한남대로 18길 22
매일 09:00-21:00

△

아오이토리

서울 마포구 와우산로29길 8

매일 09:00-21:00

△

잼앤브레드

경기 성남시 분당구 운중로277번길 40-15

08:00-18:00, 월, 일 휴무

△

라뜰리에

경기 성남시 분당구 정자일로 21 삼라마이다스빌

07:00-24:00, 화요일 휴무

◇ **엑스트라 버진 올리브 오일** ◇

　엑스트라 버진 올리브 오일은 열을 가하지 않고 올리브를 으깬 즙에서 자연적인 방식으로 순수하게 추출한 오일이다. 열을 가하면 향미가 없어지기 때문에 오일을 있는 그대로 즐길 수 있는 드레싱이나 요리의 마지막 단계에서 풍미를 더하는 용도로 활용한다. 열을 가하는 요리를 할 때는 버진 올리브 오일을 쓰면 좋다. 생산지나 특성이 다른 2~3가지 오일을 사두고 어울리는 재료와 함께 곁들여 먹는다.

- 벤타 델 바론Venta del Baron: 스페인산, 황금색을 띠고 허브향이 강해 쌉쌀한 맛이 난다.
- 쿠치나 & 아모레 플루타토Cucina&Amore Fruttato: 그리스산, 과일 또는 꽃향기를 머금고 있다.

◈ 이 책에서는 일부 레시피를 제외하면 대부분 엑스트라 버진 올리브 오일을 사용했다. 재료에 적힌 '올리브 오일'은 모두 엑스트라 버진 올리브 오일을 가리키며, 버진 올리브 오일을 쓴 경우에는 따로 표시했다.

◇ 발사믹 비네거 ◇

숙성된 포도주 식초의 일종. 발사믹은 이탈리아어로 향기가 좋다는 뜻이다. 단순하게 재료 자체를 일컫는 단어일 것이라고 예상했는데 느낌에 대한 표현이라 괜히 더 마음에 들었다. 레드 발사믹 비네거는 떫고 무거운 느낌이 강하고, 화이트 발사믹 비네거는 그에 비해 산뜻하고 가볍다. 특히 화이트 발사믹 비네거는 밝은 색의 재료를 쓰는 요리에서 자주 활용하고 있다.

- 레오나르디 모데나 오로 노빌레 화이트 발사믹Leonardi Condimento White

Balsamico: 이탈리아산, 화이트 발사믹으로 과일향이 나며 부드럽고 새콤한 맛이다.

· 주세페 주스티 모데나 발사믹Giuseppe Giusti Modena Balsamico: 레드 발사믹으로 은은하게 신맛이 나며 부드럽다.

◇ 버터 ◇

요리에 풍미를 더하는 버터는 소금이 들어 있는지 없는지에 따라 가염 버터와 무염 버터로 분류한다. 베이킹을 할 경우에는 적은 함량의 소금도 영향을 미치기 때문에 무염 버터를 사용해야 하지만, 빵에 발라 먹거나 향미를 더하는 용도로 사용할 때는 기호에 맞게 선택하면 된다. 다만 가염 버터가 무염 버터에 비해 가격이 저렴하고 보관 기간도 길어 부담 없이 집에서 사용하기에는 더 적합하다.

◇ 레몬즙 ◇

레몬의 과육을 바로 착즙해 사용하는 것이 가장 신선하고 영양도 좋지만, 매번 레몬을 구매하기 어렵다면 판매되는 레몬즙으로 대체해도 괜찮다. 하지만 비교해서 먹어보면 바로 짠 레몬즙의 맛을 이길 수가 없다.

◇ **통후추** ◇

통후추를 그때그때 갈아서 사용한다. 가루 후추는 맛과 향이 금방 날아가고 별도의 첨가물이 든 경우가 있어 통후추를 권한다.

◆ 자주 쓰는 도구 ◆

◇ 빵칼 ◇

톱니 모양의 칼날로 단단한 빵부터 무른 빵까지 깔끔하게 자를 수 있다. 길이가 길고 톱니가 날카로워서 손을 다치기 쉬우니 조심해야 한다. 빵을 촉촉하게 유지하고 원하는 두께로 썰기 위해서 자르지 않은 상태로 구매하는 편이기 때문에 빵칼은 반드시 필요하다.

◇ 버터나이프 ◇

빵을 자주 먹게 되면서 자연스럽게 관심이 간 도구가 바로 버터나이프였다. 오래전에 산 스테인리스 재질의 제품을 쓰고 있다. 이후에 나무로 만든 버터나이프가 예뻐서 몇 개 샀는데, 버터보다는 잼이나 페이스트를 바르기에 더 적합했다. 나무 제품은 예쁘지만 설거지 후에 바로 마른 수건으로 닦아 말려야 해서 관리가 까다로운 편이다.

◇ 작은 프라이팬 ◇

아침에 간단하게 요리할 때는 작은 코팅 팬이 좋다. 무쇠 팬이나 스테인리스 팬은 요리 후 관리가 중요하지만, 코팅 팬은 상대적으로 부담이 없어 주로 사용한다. 팬으로 요리할 재료가 많을 때는 겸사겸사 빵도 팬에서 구우면 편리하다. 정말 간단한 토스트라면 예열 시간이 긴 오븐보다는 팬에서 굽는다.

◇ 오븐 ◇

빵이나 야채를 구울 때 사용한다. 오븐을 이용하면 빵을 굽는 동안 다른 재료를 준비하기 편하다. 대체로 토스트를 만드는 시간이 짧아 예열 시간을 미리 계산해두고 요리를 시작하는 편이다. 나는 전자레인지 겸용 오븐을 용도에 맞게 사용하고 있다.

◇ 그릇과 컵 ◇

　남편과 둘이 사는 집이고, 둘 다 직장생활을 하다 보니 집에서 밥을 챙겨 먹는 일이 적어 사용하는 그릇이 많지 않았다. 그러다 엄마가 보내준 반찬을 조금씩 담아 먹거나, 양이 적은 요리를 자주 먹게 되어 쓰임에 맞는 그릇을 사다 보니 자연스럽게 작은 크기의 그릇이 늘어났다. 컵 또한 여러 번 담는 수고를 하더라도 작은 크기를 선호한다.

　원형 또는 원형에 가까운 지름 15~20cm 정도의 그릇과 지름 5~7cm 정도의 작은 컵들. 길이를 재고 산 것도 아닌데 대부분 비슷한 크기다. 토스트 일기를 쓰기 시작한 이후에 3~4개 정도의 그릇과 컵을 샀고, 일부러 비슷한 크기를 골랐다.

간단한 토스트

오이 토스트

호밀빵 1쪽, 오이 1/2개, 크림치즈 약간 또는 마요네즈 2T, 소금 2t, 통후추 약간,
레몬 제스트 약간(선택)

20분

1 오이를 얇게 썰고 소금을 뿌려 15분 정도 절인다.
2 오이를 절이는 동안 호밀빵을 팬에 올려 약한 불에서 굽는다.
3 1의 오이를 손에 쥐었을 때, 야들야들한 느낌이 들면 물기를 있는 힘껏 짠다. 짠맛이 강하면 물에 헹구어 다시 한번 힘껏 짠다.
4 구운 호밀빵 위에 크림치즈나 마요네즈를 바르고, 3을 올린 후 통후추를 갈아서 뿌린다.

∵ 레몬 제스트가 있다면 후추 위에 뿌려도 좋다.

오이 양파 토스트

호밀빵 1쪽, 오이 1/2개, 양파 약간, 올리브 오일 2T, 크림치즈 약간,
레몬즙 2t, 소금 약간, 통후추 약간

10분

1 오이를 세로로 얇게 썰고, 양파도 비슷한 두께로 썬다.
2 1을 그릇에 담아 올리브 오일과 레몬즙을 넣고 잘 섞은 다음, 소금으로 간한다.
3 호밀빵을 팬에 올리고 약한 불에 잘 뒤집으며 굽는다.
4 구운 호밀빵에 크림치즈를 듬뿍 바르고, 2를 올린 후 통후추를 갈아서 뿌린다.

대학 시절에 친하게 지내던 친구가 김밥에 들어간 오이를 싫어했다. 함께 김밥집에 가면 "오이는 빼주세요!"라고 서둘러 말했다. 오이를 넣지 않은 김밥이라니! 그 이후로도 김밥에 들어간 오이를 싫어하는 사람, 그냥 오이 자체를 싫어하는 사람을 종종 만났다.

나는 고기는 좋아하지만 물에 젖은 고기는 먹지 않고, 콩장은 좋아하지만 밥에 들어간 콩은 안 먹는다. 각자의 기준에서 선호하는 재료와 조합이 다르기 때문인 걸까? 오이 토스트를 보면서 다시 한번 생각하게 되었다.

오이와 빵은 함께 먹기 전에는 왠지 너무 안 어울리는 조합 같았다. 내게는 물에 젖은 고기, 콩밥의 콩처럼 느껴졌다. 하지만 물기를 뺀 사각사각한 오이와 부드러운 크림치즈, 단순함에 톡톡한 재미를 주는 통후추가 빵과 함께하면 이렇게나 잘 어울리는 조합이 된다. 오이 토스트는 "글쎄 한번 먹어봐!"라는 말로 시작할 수밖에 없는 토스트다. 김밥에서 오이를 빼는 친구에게도 기회가 된다면 꼭 한번 만들어주고 싶다.

레몬 토스트

호밀빵 1쪽, 레몬청 약간(34쪽 참고), 레몬 제스트 1T(35쪽 참고),
크림치즈 3T, 플레인 요거트 200ml

10분

1 호밀빵을 팬에 올리고 약한 불에 잘 뒤집으며 굽는다.
2 구운 호밀빵에 크림치즈를 바른다.
3 2 위에 실온에 3일 이상 숙성한 레몬청의 레몬을 4~5조각 올린다.
4 요거트에 레몬 제스트를 적당량 올려 토스트에 곁들인다.

〖 레몬청 〗

레몬 4~5개, 베이킹소다 2T, 레몬과 같은 분량의 설탕

30분

▼▼▼▼

1 볼에 레몬을 담고 레몬이 잠기도록 물을 부은 다음
베이킹소다를 풀어 10분 정도 둔다.

2 1의 레몬을 흐르는 찬물에 깨끗하게 씻는다.

3 1~2 과정을 두 번 더 반복한다.

4 씻은 레몬을 5mm 두께로 썰어 씨를 모두 빼고 볼에 담은 뒤,
설탕을 넣어 버무린다.

5 4의 레몬을 열소독한 병에 켜켜이 넣고,
윗면까지 잠기도록 설탕을 채운다.

6 상온에서 3~4일 보관한 후 먹는다.

∵ 냉장 보관할 경우에는 일주일 후에 먹으면 좋다.

〚 레몬 제스트 〛

레몬 1~2개, 베이킹소다 2T

20분

1 볼에 레몬을 담고 레몬이 잠기도록 물을 부은 다음 베이킹소다를 풀어 10분 정도 둔다.

2 1의 레몬을 흐르는 찬물에 깨끗하게 씻는다.

3 1~ 2 과정을 두 번 더 반복한다.

4 3의 레몬에서 노란 껍질 부분만 레몬 제스터 또는 강판으로 갈아 사용한다.

토마토와 쪽파 토스트

✕

**호밀빵 1쪽, 방울토마토 10개, 양파 1/4개, 쪽파 1~2개,
올리브 오일 3T, 레드 발사믹 비네거 1t, 레몬즙 2t, 통후추 약간**

✕

15분

▾▾▾▾

1 방울토마토는 반으로 자르고,

양파와 쪽파는 아주 잘게 썰어서 준비한다.

2 방울토마토와 양파에 분량의 올리브 오일,

레드 발사믹 비네거, 레몬즙을 넣고 5분 정도 재워 둔다.

3 호밀빵을 팬에 올리고 약한 불에 잘 뒤집으며 굽는다.

4 구운 호밀빵에 2와 잘게 썬 쪽파를 올리고 통후추를 갈아서 뿌린다.

매운맛을 좋아하는 사람과는 좋아하는 음식도 그럭저럭 잘 맞는 편이다. 더, 더, 더! 매운맛을 찾아다니던 때도 있었는데 이제는 적절히 매운 기운이 있는 정도가 좋다. 먹고 난 후에 속도 고생이거니와 안 나던 눈물에 콧물까지 다 나는 걸 보니 이제 매운맛도 정말 놔줄 때가 된 모양이다.

어느 날, 일본의 유명 레스토랑에서 일하던 셰프가 도쿄에 작은 카페 겸 식당을 열었다는 잡지 기사를 보았다. 그곳의 메인 메뉴는 아보카도에 쪽파를 수북이 올린 토스트였다. 쪽파를 저렇게 많이 올린다고? 무슨 맛일지 궁금했지만 집에 아보카도는 없었고 대신 토마토가 있었다. 토마토와 쪽파도 왠지 잘 어울릴 것 같은 느낌이 들어서 토마토에 자주 먹는 드레싱을 뿌리고 쪽파만 추가할 생각이었다. 쪽파나 대파는 매운맛을 내기 위한 재료라고 보기는 어렵지만, 매운 기운을 더하는 데는 좋은 재료인 것 같다. 쪽파를 올려 요리를 마무리하고, 기대에 차서 한입 베어 물었는데 놀라고 말았다. 아니, 이렇게 맛있다고? 도쿄에 식당을 연 셰프에게 멀리서나마 감사의 마음을 전하며, 토스트 하나를 뚝딱 해치웠다. 토스트를 만들면서 가장 즐거운 순간은 바로 이런 순간이다. 과연 어울릴까 싶었던 재료들이 스며들듯 어우러져 놀라운 맛의 향연을 펼칠 때!

구운 토마토와 모차렐라 치즈

호밀빵 1쪽, 방울토마토 3~4개, 모차렐라 치즈 약 100g, 바질페스토 3t,
올리브 오일 3T, 소금 약간, 통후추 약간, 바질 가루 약간

40분

1 방울토마토에 올리브 오일과 바질 가루 약간, 소금 한 꼬집을
골고루 뿌려 180도로 예열한 오븐에 30분간 굽는다.
타지 않도록 중간에 한 번씩 확인한다.

2 호밀빵을 팬에 올리고 약한 불에 잘 뒤집으며 굽는다.

3 모차렐라 치즈를 먹기 좋게 잘라 1, 2와 함께 접시에 담는다.

4 구운 호밀빵에 바질페스토를 먹을 만큼 덜어,
토마토와 치즈를 곁들인다.

아스파라거스와 적양파 토스트

**호밀빵 1쪽, 아스파라거스 3개, 적양파 1/4개, 모차렐라 치즈 약간,
올리브 오일 2T, 소금 약간, 통후추 약간**

15분

1 필러를 이용해 아스파라거스의 질긴 바깥 부분을 벗기고,
적양파는 잘게 썰어 둔다.
2 올리브 오일을 두른 팬에 아스파라거스를 넣고,
소금 한 꼬집을 뿌려 1~2분간 볶는다.
3 팬에 호밀빵을 올리고 약한 불로 굽는다.
4 호밀빵 위에 먹기 좋게 자른 모차렐라 치즈와 아스파라거스, 적양파를
순서대로 올리고 통후추를 갈아서 뿌린다.

엄마와 1년에 한 번 4~5월 중에 여행을 다니기 시작한 지도 벌써 8년이 되었다. 4년 전 런던에 갔을 때, 쇼디치에 있는 작은 채식주의 식당에 예약하고 방문했다. 볕이 가득 드는 편안한 분위기에서 2인용 식탁에 엄마와 마주 앉아 편안하게 식사하던 순간이 아직도 생생하게 떠오른다.

그때 주문한 음식 중에는 아스파라거스 요리가 있었는데, 처음 보는 미나릿과의 스위트시슬리와 러비지라는 허브가 곁들여져 있었다. 엄마는 아스파라거스를 처음 드셔보신다고 했다. 아스파라거스를 처음 먹었을 때를 떠올려보니 썩 맛있었던 기억이 아니라서 긴장했지만 엄마는 다행히 맛있다고 하시며 이런저런 감상평을 남기셨다.

여행 후에도 아스파라거스에 대한 이야기가 나올 때면, 그때 함께 갔던 식당에서의 식사가 떠오른다. 엄마의 밝은 얼굴, 엄마가 입었던 큰 꽃이 옅게 새겨진 카디건, 새로운 조합의 음식을 먹으며 즐겁게 나누었던 대화. 여행하며 누렸던 감사한 경험들을 예전처럼 선뜻 할 수 없게 된 현실이 아쉽고 슬프다.

△

라일스 Lyle's
Tea Bldg, 56 Shoreditch High St, Hackney, London E1 6JJ
18:00-23:00 월, 화, 일 휴무

체리 토스트

호밀빵 1쪽, 체리 6~7개, 리코타 치즈 2T,
그릭 요거트 또는 플레인 요거트 200ml, 그래놀라 약간

5분

1 호밀빵에 리코타 치즈를 듬뿍 바른다.

2 체리를 물에 잘 씻고 물기를 제거한 뒤, 반으로 잘라 1 위에 올린다.

3 그릭 요거트를 컵에 담고, 그래놀라를 적당량 섞어

토스트에 곁들인다.

'국내산 체리'라고 쓰여 있는 것을 보고 주문한 체리는 원산지가 경주였다. 경주의 체리라니! 국내 최대 체리 산지가 경주라는 것도 최근에서야 알게 되었다. 경주에 요즘 색다른 분위기의 카페나 음식점이 많이 생겼다는 이야기를 들은 것도 같다.

경주하면 떠오르는 이미지는 역시 첨성대, 천마총, 왕릉 같은 문화유산과 천년 고도의 향기를 느낄 수 있는 사찰이나 한옥과 같이 고고한 전통을 간직한 건축물이다. 그런데 경주산 체리라고 하니 아직 마음의 준비가 되지 않아 당황스러운 한편, 참을 수 없이 귀여운 것이다.

검붉은색에 가까운 미국산 체리는 씹었을 때 과육이 조금 더 단단하고 당도가 훨씬 높지만, 국내산 체리는 그에 비해 작고 연해 어렸을 때 먹었던 앵두 같은 친근한 느낌이 든다. 처음 베어 물었을 때는 미국산보다 덜 달아서 아쉬운 마음이 들지만, 먹을수록 단맛이 진해지고 톡톡 터지는 식감이 재미있다. 먹으면 먹을수록 달고 귀여운 맛이 일품인 국내산 생체리의 숨은 매력을 꼭 한번 느껴보시길!

마스카포네 치즈를 더한 딸기 토스트

초콜릿이 들어간 호밀빵 1쪽, 딸기 6~7개, 마스카포네 치즈 2T,
메이플 시럽 약간, 아몬드 슬라이스 약간

5분

1 딸기를 반으로 자른다.
2 초콜릿이 들어간 호밀빵에 마스카포네 치즈를 바른다.
3 1을 2 위에 올리고 다진 아몬드 슬라이스와 메이플 시럽을 적당량 뿌린다.

어렸을 때는 더 달게 먹고 싶어서였는지 덜 단 딸기가 많아서였는지 딸기에 설탕을 잔뜩 뿌려 먹었다. 엄마는 설탕을 뿌리지 말라고 했지만 동생과 나는 눈이 마주치면 얼른 설탕을 가지러 부엌에 갔다. 꼭지를 떼서 그릇에 가득 담은 빨간 딸기 위에 하얀 설탕이 소복이 내려앉으면, 아직 먹지도 않았는데 달달한 기운이 느껴졌다. '벌써 맛있어!'

요즘 딸기는 한입 베어 물면, 너무 달지 않나 싶게 당도가 높다. 너무 단 나머지 뭔가 잘못된 게 아닐까 하는 의심이 차오른다. 최근에 먹은 만년설 딸기는 분홍빛이 도는 백딸기였는데, 일반 딸기보다 당도가 2배나 높아 그야말로 단맛으로 꽉 차 있었다. 물론 아직 재배량이 많지 않아 가격이 부담스럽긴 하지만 이 정도의 당도라면 설탕을 가지러 부엌에 갈 일은 없을 것 같다.

여섯 살 조카는 딸기를 무척 좋아해서 한자리에 앉아 딸기 한 팩을 거뜬히 해치우는데, 그 모습을 보면 방금 밥을 먹어서 배가 잔뜩 불러도 나도 모르게 함께 딸기를 집어 들게 된다. "그렇게 맛있어?"라고 확인해보고 싶을 만큼 조카는 입가에 빨갛게 딸깃물이 들도록 사랑스러운 모습으로 맛있게 먹는다. 거리를 지나다 딸기를 보면 자연스레 조카가 떠오른다. 다디단 딸기가 제철인 요즘이니 딸기 한 봉지 사 들고 조카네 집에 놀러 가야겠다.

자두 토스트

**식빵 1쪽, 리코타 치즈 약간, 자두 2개, 체리 2개, 레몬청 2T,
올리브 오일 2T, 플레인 요거트 200ml, 망고 약간(선택)**

20분

1 볼에 체리와 반달 모양으로 자른 자두, 레몬청, 올리브 오일을 넣고
골고루 버무린 후 10분 정도 재운다.

2 식빵에 리코타 치즈를 듬뿍 바른다.

3 2 위에 1을 올린다.

4 플레인 요거트에 망고를 넣어 곁들인다.

'이 계절은 ○○의 계절이지!'라고 떠올릴 때면 그 계절은 여름일 때가 많다. '복숭아의', '자두의', '체리의', '휴가의', '장마의', '늦은 밤의' 계절, 여름. 분명 여름을 별로 좋아하지 않았던 것 같은데 언제부턴가 나도 모르게 좋아하고 있었던 모양이다.

생각해보면 이제는 특별히 싫어하는 계절이 없다. 봄은 봄이라서 좋고, 여름은 여름이라서, 가을은 가을이라서, 겨울은 겨울이라서 좋다. 짧으면 짧은 대로 길면 긴 대로 투정은 잔뜩 늘어놓지만 없으면 아쉬울 사계절이 있어서 다행이지 싶다.

아침부터 더운 기운에 이불을 걷어차며 일어난 오늘은 자두 토스트를 만들어 먹고 좋아하는 가게에서 진행하는 여름 요리 수업에 가기 위해 준비를 서두른다.

무화과 블루베리 샐러드

호밀빵 1쪽, 무화과 1~2개, 메이플 시럽 약간, 루콜라 약간, 블루베리 약간,

해바라기 씨 약간, 마스카포네 치즈 2T

드레싱: 올리브 오일 2T, 메이플 시럽 1T, 화이트 발사믹 비네거 1t

10분

1 무화과를 자르고, 메이플 시럽을 골고루 뿌려
150도로 예열한 오븐에 5분간 굽는다.
2 호밀빵을 180도로 예열한 오븐에 2분간 굽는다.
3 루콜라와 블루베리를 접시에 담고,
분량의 재료를 섞어 드레싱을 만들어 곁들인다.
4 3 위에 1과 해바라기 씨, 마스카포네 치즈를 먹기 좋게 담고
구운 호밀빵을 곁들인다.

무화과 블루베리 토스트

호밀빵 1쪽, 무화과 1개, 마스카포네 치즈 2T, 블루베리 콩포트 약간, 메이플 시럽 1T, 통후추 약간

10분

1 호밀빵을 180도로 예열한 오븐에 4분간 굽는다.
2 무화과를 반달 모양으로 자른다.
3 구운 호밀빵에 마스카포네 치즈를 바르고, 자른 무화과와 블루베리 콩포트(68쪽 참고)를 올린다.
4 3에 메이플 시럽을 뿌리고, 통후추를 갈아서 뿌린다.

바닐라 아이스크림에 올리브 오일을 곁들여 먹으면 정말 맛있다. 거기에 잘게 다진 피스타치오까지 더하면 말이 필요 없다. 바닐라 아이스크림과 감자튀김도 의외의 조합이지만 이미 많은 사람이 입증한 맛! 전혀 어울리지 않는 둘이라 맛을 예상치 못했는데 찰떡같이 조화로워서 놀랐다.

이렇게 말도 안 되는 조합이 때로는 새로운 맛을 탄생시키며 입을 즐겁게 한다. 통후추를 좋아하는 편은 아니었지만, 요리 마지막 단계에서 적절히 사용하면 재료에 풍미가 더해진다는 사실을 조금씩 알게 되면서 요즘에는 통후추를 더욱 적극적으로 활용하고 있다. 무화과 토스트를 먹었을 때 약간의 과장을 더해 '아, 무화과에는 통후추구나!' 싶을 정도로, 통후추는 이 토스트의 화룡점정이었다.

아무것도 아닌 작은 발견이라도 마음속 깊이 체득하는 순간의 희열은 활력이 된다. 자기만의 조합을 발견하는 것도 요리 초심자의 큰 즐거움 중 하나가 아닐까.

바질페스토를 곁들인 토마토와 부라타 치즈°

**호밀빵 1쪽, 바질페스토 1T, 부라타 치즈 약 100g, 방울토마토 2개,
해바라기 씨 약간, 올리브 오일 3T, 통후추 약간**

15분

1 호밀빵을 180도로 예열한 오븐에 4분간 굽는다.

2 방울토마토를 잘게 썬다.

3 1에 바질페스토를 바르고, 부라타 치즈와 2를 올린다.

4 3에 올리브 오일을 뿌리고, 통후추를 갈아서 뿌린다.

5 해바라기 씨나 호두가 있다면 곁들인다.

○
부라타는 '버터 같은'이라는 뜻의 이탈리아어로, 모차렐라에 크림을 더해 만들어지는 신선한 치즈다. 겉은 매끈한 공 모양이고 속은 부드러운 크림으로 꽉 채워져 있어 풍부하고 부드러운 질감과 고소하고 은은한 단맛을 즐길 수 있다.

어릴 적에는 냉장고에 흰 우유와 노란색 슬라이스 치즈가 자주 자리를 차지하고 있었다. 남동생은 둘 다 꽤 좋아했던 것으로 기억하지만, 나는 미처 그 맛을 깨닫지 못했을 때라 머뭇거리다 치즈를 꺼내 들었다가도 내려놓고 말았다. 우유도 시리얼을 먹고 난 후 달콤해진 우유를 맛보기 위해 마실 뿐이었다. 피자나 스파게티를 접하면서 구운 치즈를 비롯해 열이 가해진 치즈에는 점차 익숙해졌지만, 생치즈를 접할 기회는 그리 많지 않았다. 그러다 샐러드에 들어가는 리코타 치즈나 모차렐라 치즈를 맛보게 되면서 자연스럽게 치즈를 향한 마음이 조금씩 열렸다. '치즈란 이런 맛이구나.'

그러던 어느 날, 생치즈가 맛있는 가게가 있다는 소식을 듣고 남편과 함께 들뜬 마음으로 찾았다. 주택가에 있는 작은 규모의 가게였는데 마침 사람이 별로 없어서 바로 자리를 잡고 앉을 수 있었다. 공간은 전반적으로 깔끔하고 재료들이 군더더기 없이 정갈하게 진열되어 있었다. 식사 전인 우리는 배가 찰 만한 메뉴를 직원에게 물어보고 모차렐라 치즈와 부라타 치즈를 주문한 다음 설레는 마음으로 기다렸다. 한참 뒤, 장식 없는 담백한 접시에 공같이 큰 부라타 치즈가 나왔다. 부라타 치즈 주변에는 올리브 오일이 흥건하게 뿌려져 있었다. 나이프로 치즈를 가르자, 치즈를 가득 채우고 있던 부드러운 크림이 쏟아지듯 흘러나왔다. '아니, 이런! 이런 치즈가 있었단 말인가?' 먹는 순간마다 감탄이 새어 나오는 신선한 맛. 올리브 오일과 살짝 뿌려진 통후추만 곁들였는데도 맛이 단조롭거나 지루하지 않았다.

 그 가게를 다녀오고 나서부터 종종 시중에 판매되는 부라타 치즈를 주문해 먹곤 한다. 그때의 감동을 그대로 느끼지는 못하지만, 내가 아는 맛이 하나 더 늘었다고 뿌듯해하며 맛있게 먹는다. 아직 부라타 치즈를 먹어보지 않았다면, 꼭 한번 도전해보길! 새로운 맛을 알아가는 기쁨을 온전히 누려보길!

△

슬로우치즈
서울 강남구 삼성로145길 13
11:30 - 20:00 월, 일 휴무

브리 치즈와 블루베리 토스트

호밀빵 1쪽, 브리 치즈 30~40g, 블루베리 콩포트(68쪽 참고) 30g

15분

▼▼▼

1 호밀빵을 180도로 예열한 오븐에 4분간 굽는다.

2 구운 호밀빵에 브리 치즈를 2~3조각 올리고, 블루베리 콩포트를 올린다.

○ 브리 치즈는 흰색 곰팡이가 표면을 덮고 있으며 은은하게 견과류와 과일의 향이 나는 부드러운 식감의 치즈다. 너무 차게 먹으면 고유의 풍미를 느낄 수 없으므로, 냉장고에 보관했다면 상온에 1시간 정도 꺼내두었다가 먹어보자. 멸균하지 않은 생유로 만드는 치즈라 저장 기간이 일주일 미만이므로 개봉 후에는 되도록 빨리 먹는 것이 좋다.

〖 블루베리 콩포트 〗

블루베리 200g, 설탕 70~100g, 레몬 1/2개 또는 레몬즙 2t

1시간

▼▼▼▼

1 블루베리에 설탕을 넣고 잘 섞어 실온에 30분 정도 둔다.

2 1을 냄비에 넣고 센 불에서 10분,

끓기 시작하면 중간 불에서 10분 더 끓인다.

❖ 바닥에 눌어붙지 않도록 확인하며 끓이되,
너무 많이 저으면 과육이 뭉개질 수 있으니 최소한으로 젓는다.

3 2가 졸아 자작해지면 불을 끄고 레몬즙을 넣는다.

레몬을 바로 짜서 넣으면 훨씬 맛있다.

동생, 조카와 함께 마트에서 장을 보다가 동생이 저렴하면서 맛있더라며 3팩에 만 원 하는 블루베리를 집어 들었다. '한 번에 3팩이나 사면 분명히 남길 텐데' 생각했지만, 옆에는 여섯 살 난 조카가 손에 든 블루베리를 보며 방긋 웃고 있었다.

조카가 과일 먹는 것을 보면 신기할 따름이다. 저 작은 몸집에, 고사리같이 작은 손으로 딸기나 블루베리 1팩 정도는 앉은 자리에서 금방이다. 디저트는 아무리 맛있는 것이라도 금세 배가 차기 마련인데, 조카는 아무래도 밥 배와 과일 배가 따로 있는 모양이다.

하루는 블루베리 콩포트가 맛있게 만들어져서 조카에게 자랑하고 싶은 마음에 "이모가 만든 블루베리 먹으러 와!" 하고 전화를 했더니, "나는 그냥 아무것도 안 한 블루베리를 먹는 게 좋아"라고 대답했다.

아무것도 안 한 블루베리 샀을 때 다시 전화할게!

청포도 블루베리 토스트

호밀빵 1쪽, 크림치즈 2T, 청포도 5~6알, 블루베리 약간,
레몬즙 1/2T, 꿀 1T, 올리브 오일 3T

5분

1 호밀빵을 팬에 올리고 약한 불에 잘 뒤집으며 굽는다.
2 청포도와 블루베리를 깨끗하게 씻고, 청포도는 반으로 자른다.
3 2에 레몬즙과 올리브 오일, 꿀을 넣고 잘 섞는다.
4 구운 호밀빵에 크림치즈를 듬뿍 바르고, 3을 올린다.

씨가 없는 포도는 먹기에 편하지만, 그래도 씨가 있는 편이 좋다. 한 알을 입에 넣고 오물오물 씹다가 씨만 뱉어내어 그릇 한쪽에 두는 귀찮음조차 포도를 먹는 즐거움이기 때문이다. 수박도 마찬가지. 수박에 씨가 너무 많다고 불평하다가도 수박에 씨가 없다고 상상해보면 무척 허전하다. 와그작와그작 먹다가 박힌 씨들은 골라내고 와구! 크게 한입 베어 물 때의 즐거움. 어려움을 이겨낸 순간처럼 보람이 느껴진다.

금귤로 청을 만들거나 요리에 활용하기 위해 씨를 골라낼 때가 있는데 이 시간은 또 나름대로 재미가 있다. 작은 포크를 들고 뽁뽁 씨를 빼내며 순간의 쾌감을 느끼다 보면 쌓여 있던 스트레스도 한 줌쯤은 사라지는 것 같다.

귀찮고 번거로운 일이라도 얼마든지 그 안에서 잔잔한 즐거움을 찾을 수 있다. 금귤의 씨를 작은 포크로 빼내는 시간처럼 나만 아는 즐거운 시간이 있으니까.

토마토 모차렐라 토스트

**호밀빵 1쪽, 방울토마토 5~6개, 어린 시금치 약간, 모차렐라 치즈 100g,
옥수수 약간(선택), 버터 약간, 소금 약간, 통후추 약간
드레싱: 올리브 오일 3T, 화이트 발사믹 비네거 1~2t**

15분

1 방울토마토는 반으로 자르고, 모차렐라 치즈는 먹기 좋은 크기로 자른다. 어린 시금치는 흐르는 물에 깨끗이 씻고 물기를 제거한다.
2 달군 팬에 버터를 두르고, 약한 불에 호밀빵을 잘 뒤집으며 굽는다.
3 옥수수가 있다면 팬에 버터를 올려 약한 불에 녹인 다음 볶는다.
4 구운 호밀빵에 1과 3을 올린다.
5 4에 분량의 재료로 만든 드레싱을 두르고, 소금과 통후추를 뿌린다.

∷ 복숭아와 방울토마토를 1:4의 비율로 믹서에 갈아 곁들여 마시면 좋다.

토스트를 만들면서 자연스럽게 요리의 도구나 재료에도 관심이 생겼다. 특히 올리브 오일을 자주 쓰게 되면서 어떤 올리브 오일이 좋은지, 엑스트라 버진과 그냥 버진은 무슨 차이가 있는지, 올리브 오일이 맛있다는 것은 어떤 의미인지 궁금해졌다. 그러던 차에 평소 자주 가던 상점에서 올리브 오일 전문가의 수업을 진행한다고 해서 신청한 뒤, 그날이 오기만을 기다렸다.

수업 날, 기다란 바에 수강생들이 나란히 앉아 수업을 들었는데 수업의 소재도, 방식도 신선하고 좋았다. 주재료인 올리브의 종류가 200종이 넘는다는 사실부터 올리브의 종류에 따라 올리브 오일의 향이나 맛이 다르다는 것도 흥미로웠다.

나눠준 수업 자료에서 특히 올리브 오일의 맛을 설명한 부분이 재미있었는데, 풀 향이 나는 피쿠알종을 '푸릇푸릇한 상쾌함', '알싸한 녹음'이라고 표현한 것이나, 과일 향이 나는 아르베키나종을 '둥글게 시작하는 첫맛'이라고 표현한 것이 인상적이었다. 또 시음하며 그 맛을 실제로 경험할 수 있었는데 올리브 오일을 와인처럼 작은 잔에 따라 마시는 경험도 신선했다. '정말 목이 깔끄럽고, 맵잖아?', '진짜 녹음의 맛이 나네!' 일면 식도 없는 분들과 앉아 올리브 오일을 마시고 있자니 어색하기도 했지만, 이 특이하고 신선한 경험 앞에 모두 무장해제가 되었다. 어느덧 눈을 마주치고 웃기도 하고 감상을 말하기도 하는 훈훈한 시간으로 무르익어 가고 있었다.

  수업을 마치고 시원한 상점을 나서서 뜨거운 여름의 거리 속으로 다시 걸어 들어갔다. 드레싱을 만들 때 자주 쓰는 재료인 만큼 혹시 기회가 있다면 올리브 오일 수업은 꼭 들어보기를 권한다. 수업이 여름날이라면 더 좋겠다.

△
TWL × 홈그라운드 × 곽지원 올리브 오일 소믈리에의 '여름의 맛' 2019
TWL Shop
서울시 종로구 율곡로 187 토토빌딩 1층
12:00 - 20:00 월요일 휴무

레몬 라임펄을 올린 아보카도 토스트

**호밀빵 1쪽, 아보카도 1개, 레몬즙 1/2T, 레몬 라임펄 약간, 소금 약간,
통후추 약간, 양파 약간(선택)**

15분

1 아보카도를 반으로 자르고 껍질을 벗겨 볼에 담은 뒤 레몬즙을 뿌린다.
2 1의 볼에 양파를 잘게 썰어 넣는다. 양파는 없으면 생략해도 된다.
3 1과 2를 포크로 으깬 후 소금 한 꼬집을 넣는다.
4 호밀빵을 180도로 예열한 오븐에 5분간 굽는다.
5 구운 호밀빵에 3을 듬뿍 얹고, 레몬 라임펄을 기호에 맞게 올린 다음 통후추를 갈아서 뿌린다.

아보카도와 토마토 토스트

**호밀빵 1쪽, 아보카도 1개, 레몬즙 1/2T, 방울토마토 2개, 소금 약간,
통후추 약간, 크러쉬드 페퍼 약간, 양파 약간(선택)**

15분

1 아보카도를 반으로 잘라 껍질을 벗긴다.

2 1을 볼에 담은 뒤 레몬즙을 넣고, 양파를 잘게 썰어 넣는다.
양파는 없으면 생략해도 된다.

3 2를 포크로 으깨고 소금 한 꼬집을 넣는다.

4 호밀빵을 180도로 예열한 오븐에 2분간 굽는다.

5 구운 호밀빵에 3을 듬뿍 올리고, 크러쉬드 페퍼를 기호에 맞게 뿌린다.
◆ 크러쉬드 페퍼는 분쇄한 고추로 만든 향신료이다.
매운맛을 좋아하지 않는다면, 아주 조금만 사용한다.

6 방울토마토를 얇게 썰어서 5에 올리고 통후추를 갈아서 뿌린다.

아보카도와 쪽파 토스트

✕

호밀빵 1쪽, 아보카도 1개, 쪽파 1~2개, 소금 약간, 파프리카 파우더 약간,

방울토마토 약간(선택)

✕

15분

▼▼▼▼

1 아보카도를 반으로 잘라 껍질을 벗기고 얇게 썬다.

2 호밀빵 위에 1을 올리고, 소금 한 꼬집을 골고루 뿌린다.

3 쪽파를 아주 잘게 썰어 2에 듬뿍 올린다.

4 3에 파프리카 파우더를 기호에 맞게 뿌린다.

방울토마토를 곁들여도 좋다.

❖ 파프리카 파우더는 말린 파프리카를 곱게 빻아서 가루로 만든 향신료이다.
불맛을 내거나 매운맛을 첨가하고 싶을 때 활용한다.
크러쉬드 페퍼보다는 덜 자극적이지만 매콤한 향을 더할 수 있으니
먼저 맛을 보고, 기호에 맞게 뿌린다.

어릴 때는 종종 사람들과 취미가 뭐냐는 질문을 주고받았던 것 같은데 언제부턴가 잘 묻지 않는다. 요즘 내 취미가 뭐였던가 생각해보았다. 취미의 사전적 의미는 1. 전문적으로 하는 것이 아니라 즐기기 위해 하는 일 2. 아름다운 대상을 감상하고 이해하는 힘 3. 감흥을 느껴 마음이 당기는 멋인데, 하나같이 의미가 주옥 같다. 특히 두 번째 의미라면, 요즘 나의 취미는 망설임 없이 요리다. 특히 요리의 재료가 되는 과일이나 채소, 치즈나 향신료 등을 감상하고 이해하는 힘을 기르고 싶은 것은 소소한 바람 중 하나가 되었다.

오래전에 남편이 소금만 뿌려 먹어도 정말 맛있는 과일이 있다며 아보카도를 맛보게 해줬는데 그 당시에는 정말 맛이 없었다. '도대체 이 열매는 무슨 맛으로 먹는 걸까?' 첫인상은 그야말로 꽝이었다. 이후로도 남편은 종종 아보카도를 다양한 방법으로 내게 소개해주었고, 다행히 만남을 거듭할수록 아보카도만의 매력에 조금씩 빠져들었다. 그리고 마침내 아보카도를 으깨어 토마토와 양파, 고수, 라임, 레몬즙 등을 넣어 만든 과카몰리Guacamole를 먹고 나서는 아보카도를 완전히 좋아하게 되었다.

아보카도는 너무 단단하지 않고 눌렀을 때 살짝 들어가는 정도가 먹기 좋다. 단단한 아보카도를 산다면 며칠 보관해 잘 익혀야 한다. 아보카도의 씨를 빼는 것도 재미있는데, 씨를 빼기 위해서는 먼저 칼을 아보카도

가운데 있는 씨까지 닿도록 깊숙이 넣어 씨를 따라 반으로 가른 후, 양손으로 잡아 쥐고 비틀어야 한다. 그다음엔 드러난 씨의 가운데쯤을 칼로 '탁!' 내리쳐 칼이 꽂힌 상태로 살짝 비틀면 씨가 '쏙' 하고 부드럽게 빠진다. 아보카도를 아직 만나지 못했다면, 혹은 첫인상이 영 별로였다면 한 번만 더 기회를 준다는 심정으로 먹어보자. 아보카도의 매력을 알게 되면 어느새 좋아하고 있을지 모른다.

구운 초리소와 미니 양배추

허브빵 1쪽, 초리소 약간, 미니 양배추 4~5개, 고구마 1개, 버진 올리브 오일 3T, 소금 약간, 통후추 약간

30분

1 미니 양배추를 반으로 자른다.

2 초리소와 고구마를 1cm 두께로 썬다.

3 1과 2를 오븐용 그릇에 담고 소금 한 꼬집을 골고루 뿌린 뒤,
버진 올리브 오일을 두른다.

4 3을 200도로 예열한 오븐에 넣고 25~30분간 굽는다.
중간에 살펴보고 타지 않도록 섞는다.
잘 구워지면 꺼내어 통후추를 갈아서 뿌린다.

5 허브빵을 알맞게 잘라 4와 함께 접시에 담는다.

아보카도와 초리소 샐러드

호밀빵 1~2쪽, 아보카도 1개, 초리소 약간, 와일드 루콜라 약간,
방울토마토 4~5개
드레싱: 올리브 오일 3T, 화이트 발사믹 비네거 1t, 소금 약간,
통후추 약간, 레몬 라임펄 또는 레몬즙 1t

15분

1 아보카도를 반으로 자르고 껍질을 벗겨 1cm 두께로 깍둑썰기한다.
2 방울토마토는 반으로 자른다.
3 호밀빵을 180도로 예열한 오븐에 5분간 굽는다.
4 초리소를 잘게 잘라 팬에서 충분히 익을 때까지 볶는다.
5 루콜라를 흐르는 물에 깨끗하게 씻고 물기를 제거한 뒤
1, 2, 4와 함께 그릇에 담는다.
6 5 위에 분량의 드레싱 재료를 뿌려 잘 섞고, 구운 호밀빵에 곁들인다.

아보카도와 초리소 토스트

호밀빵 1쪽, 아보카도 1개, 초리소 약간, 레몬즙 1t, 소금 약간,
통후추 약간, 양파 약간(선택)

15분

1 아보카도를 반으로 자르고 껍질을 벗긴다.
2 그릇에 1을 넣고 레몬즙을 뿌린 뒤,
잘게 썬 양파와 소금 한 꼬집을 넣어 포크로 으깬다.
3 호밀빵을 180도 오븐에 2분간 굽는다.
4 초리소를 잘게 자르고, 팬에서 충분히 익을 때까지 볶는다.
5 구운 호밀빵 위에 2와 4를 듬뿍 올린 다음, 통후추를 갈아서 뿌린다.

초리소는 붉은색의 스페인 소시지인데, 내가 처음 초리소를 좋아하게 된 곳은 엉뚱하게도 스위스였다. 스위스 바젤Basel로 여행 갔을 때 마음에 드는 식당을 찾기가 정말 어려웠다. 주변에 식당이 많지도 않거니와 스위스 하면 떠오르는 음식도 마땅히 없어서 일과를 마치면 마트에 들러 소시지나 초콜릿, 치즈를 사서 숙소로 돌아와 간단히 먹는 편을 선택했다. 그때 사다 먹은 초리소가 정말 맛있었는데, 한번 먹기 시작하면 다 먹을 때까지 멈출 수가 없었다. 그 초리소는 소금에 절여 건조시킨 종류였는데 짭짤하면서도 끝맛이 살짝 매운 데다, 꾸덕꾸덕한 식감까지 더해 중독될 수밖에 없었다.

여행에서 돌아와서도 그때를 잊지 못하고 어디에서라도 초리소를 발견하면 사 먹어보곤 했지만, 그때 먹었던 그 초리소의 맛은 아니었다. 낯선 여행지의 공기와 친구들과 함께 먹는 분위기가 뒤섞여 더 맛있었을지 몰라도 그때 그 초리소가 다시 먹고 싶다.

생강 잼을 올린 배 토스트

두껍게 썬 식빵 1쪽, 배 1/2개, 설탕 1T, 버터 5g, 생강 잼 1T

10분

1 식빵에 버터를 올리고 180도로 예열한 오븐에 5분간 굽는다.

2 빵이 구워지는 동안 배를 얇게 썰어 설탕에 재운다.

3 구운 식빵에 2를 올려 같은 온도의 오븐에서 2~3분간 더 굽는다.

4 3에 생강 잼을 기호에 맞게 올린다.

대학교를 서울로 오게 되면서 지방의 집을 떠나 자취를 시작했는데, 그때부터 엄마가 반찬을 만들어 보내주셨으니 그 세월도 벌써 20년이 다 되어간다. 귀한 걸 알면서도 정신없이 밖에서 시간을 보내다 보니 다 못 먹고 버리는 반찬도 많았다. 지금 와서 생각하면 말도 못 하게 죄송하다. 하루를 꼬박 제대로 앉지도 못하고 만들어 보내주신 귀한 반찬인데. 이제는 마음은 모두 받되 대체로 조금씩 가져오고, 가져온 반찬들은 남기지 않고 먹으려고 한다.

엄마는 반찬뿐 아니라 제철 과일로 잼을 만들곤 하시는데, 이번 가을에는 생강 잼과 무화과 잼을 만들어주셨다. 생강 잼은 따뜻한 물에 우려 차로 마셔도 좋고, 적당히 빵에 발라 먹어도 별미이다. 한번은 집에 사뒀던 배를 곁들여 먹었더니 궁합이 참 좋았다. 이름만 들어도 건강해질 것만 같은 엄마표 생강 잼 토스트!

감 잼과 감 토스트

호밀빵 1쪽, 버터 약간, 감 1개, 감 잼 2T

10분

1 잘 익은 감을 반달 모양으로 자른다.
2 달군 팬에 버터를 두르고 약한 불에 호밀빵을 잘 뒤집으며 굽는다.
3 구운 호밀빵에 감 잼을 바르고, 감을 올린다.

지금 살고 있는 집을 처음 보러 온 날이었다. 해가 지지 않았는데도 날이 흐려서 어둠이 낮게 깔려 있었고, 아파트 2층의 가장 안쪽 집이라 밖에서는 잘 보이지 않아 어쩐지 더 어두운 분위기가 감돌았다. '이 집은 왠지 마음에 안 들 것 같아.' 바로 전에 보고 온 집도 마음에 들지 않았던 터라 마음속으로는 이미 포기한 채 한숨을 내쉬며 계단을 올라 초인종을 눌렀다.

집 안은 예상대로 어두웠다. 기대 없이 거실 쪽으로 눈을 돌렸는데 앞쪽 베란다 창밖으로 큰 감나무가 보였다. 반쯤 열린 창 너머 감나무의 작은 가지들이 집 안으로 들어올 것처럼 가까웠다. 바람이 살살 불어오니 창에 비친 감나무 그림자도 천천히 흔들렸다. 안방으로 쓰고 있는 큰 방, 큰 방의 건넛방 그리고 부엌에서도 모두 창밖으로 큰 나무들이 보였다. 천천히 집 안을 둘러보고 인사를 한 뒤 집을 나섰다. 계단을 내려와서는 남편과 눈을 마주치고 웃었다. 그리고 다가오는 겨울에 이 집으로 이사했다. 우리는 벌써 네 개의 계절을 두 번 보냈고, 올해도 집 앞 감나무에는 감이 잔뜩 열렸다.

하루는 회사 친구가 시나몬 향이 가득한 감 잼을 만들었다며 주변 친구들에게 나눠주었다. 감 잼은 처음이었는데 향부터 가을과 잘 어울렸다. 따뜻하게 구운 호밀빵에 감 잼을 바르고 감을 올려 따뜻한 커피까지 함께 먹으니, 그래, 이 맛이 가을이지!

요리는 개인적인 일이니까!

　요리는 제대로 하지 않으면 시작하지 않는 것만 못하다며 지레 겁부터 먹고, 자취를 시작한 지 10년이 넘도록 본격적인 요리는 해본 적이 없었다. 몇 번 시도한 적은 있었지만 노력한 만큼 결과가 좋지 않거나 만족도가 높지 않으면 '역시 사 먹는 것이 낫지' 하고 결론 내기 일쑤였다.

　그러다 우연한 계기로 토스트를 만들기 시작하면서부터 '어차피 내가 하는 요리는 그저 개인적인 일일 뿐인데 실패해도, 만족도가 높지 않아도 상관없잖아!' 하고 생각하게 되었다. 당연한 이야기이지만 레시피에서 설탕을 3티스푼 넣으라고 하는데 달게 먹고 싶지 않다면 1티스푼만 넣거나 혹은 넣지 않아도 괜찮다. 이 재료와는 이 허브가 잘 어울린다고 적혀있지만 나는 이 허브가 싫고 저 허브가 더 잘 어울릴 것 같다면 내가 잘 어울린다고 생각하는 허브를 넣어도 괜찮다. 그렇게 내가 먹게 될 상황이나 기호에 맞게 '그래도 괜찮아!'의 범위를 넓혀가며 나만의 레시피를 만들다보면 완성된 음식이 오히려 내 취향에 딱 맞아 더 좋은 결과에 이를 때도 많다. 물론 다른 사람들이 맛있다고 한 맛과 전혀 다를 수도 있고, 역시나 가르쳐준 대로 했어야지 싶을 때도 있지만.

　요리가 개인적인 일이라는 것을 체득하면서 요리에 대한 크고 단단한

벽은 허물어지고 재미가 더 커졌다. 요리하며 보내는 시간이 전보다 길어지면서 부엌에서 시간을 보내는 일이 자연스러워졌다. 그렇게 발견하게 된 우리 집 부엌의 소소한 몇 가지 자랑거리를 소개하려고 한다.

  계절마다 모습이 다른 나무들이 가득 보이는 창. 한 칸에는 컵, 한 칸에는 각국의 조미료, 한 칸에는 비어있는 큰 공병들이 자리한 세 칸짜리 작은 상부장. 그리고 '둘이 하는 살림이니, 욕심부리지 말고 줄여보자!' 결심한 뒤 야심차게 용량을 줄인 냉장고까지. 딱히 특별할 것 없지만, 우리에게 맞게 잘 만들어진 구석구석들을 보면 뿌듯한 웃음이 저절로 새어 나온다. 작지만 마음에 드는 공간에서 내가 먹을 음식을 스스로 만드는 즐거움! 늦게라도 이런 즐거움을 알게 된 것에 감사하는 마음으로 오늘 저녁은 뭘 만들어 먹을지 고민 중이다.

기운이 필요한 순간,
평일의 토스트

시나몬 사과 토스트

**식빵 1쪽, 사과 1/2개, 시나몬 파우더 1/2t, 아몬드 슬라이스 약간,
버터 10g, 메이플 시럽 1T**

15분

1 사과를 껍질째로 얇게 썰어 준비한다.
2 팬에 버터를 올려 약한 불에 녹이고,
식빵을 양쪽이 골고루 익도록 굽는다.
3 구운 식빵에 1을 올리고 아몬드 슬라이스를 뿌린 다음,
메이플 시럽과 시나몬 파우더를 뭉치지 않게 골고루 뿌린다.
4 3을 180도로 예열한 오븐에서 10분간 굽는다.

날이 부쩍 추워진다는 느낌이 들면 카푸치노가 생각난다. 폭신한 우유 거품이 소복하게 쌓인 많지도 적지도 않은 양의 카푸치노. 카푸치노는 에스프레소와 우유, 우유 거품의 비율이 1:2:3인 부드럽고 진한 맛의 이탈리아식 커피다. 기호에 따라 시나몬이나 초콜릿 파우더를 뿌려 먹기도 하고, 레몬이나 오렌지의 껍질을 갈아 얹어 먹기도 한다.

친한 친구들과 스위스 여행을 갔을 때, 종종 일정을 따로 정해서 다녔는데 하루는 가고 싶었던 미술관에 들르기 위해 아침 일찍 숙소를 나섰다. 버스를 타고 낯선 풍경들을 지나 미술관이 있는 동네의 정류장에 내렸다. 마침 복잡하게 갈라선 길 중간 구석에 작지만 볕이 잘 드는 카페가 하나 있었다.

미술관으로 바로 갈까 하다가 외면하자니 아쉬운 마음이 들어 안으로 들어가 메뉴를 살폈다. '날이 쌀쌀하니 카푸치노를 마셔야지!' 야외 테이블에 자리를 잡고 앉았다. 얼마 지나지 않아 커피가 나왔는데, 카페의 로고가 새겨진 작은 컵에 시나몬 파우더가 뿌려진 구름 같은 우유 거품이 넘칠 듯 올라앉아 있었다. 함께 나온 설탕을 솔솔 뿌려 티스푼으로 거품을 먼저 떠먹었다. 양도 아쉬운 듯 딱 좋았다. 맛있는 커피를 마시고 기분 좋게 미술관으로 향했다.

지금도 가끔 그날의 카푸치노가 생각난다. 시나몬 파우더가 솔솔 올라간 사과 토스트는 카푸치노처럼 날이 부쩍 추워진다는 느낌이 들 때 먹기 좋은 토스트다.

사과와 에멘탈 치즈 토스트

호밀빵 1쪽, 사과 1/3개, 에멘탈 치즈 약간, 버터 약간, 통후추 약간

15분

1 사과를 잘게 썬 다음 버터를 녹인 팬에 넣어 중간 불로 충분히 볶는다.

2 호밀빵을 180도로 예열한 오븐에 2분간 굽는다.

3 구운 호밀빵에 에멘탈 치즈와 1을 차례로 올린다.

4 3에 통후추를 갈아서 뿌린다.

불현듯 멀어진 친구가 떠오를 때면, 나도 모르게 계속 생각이 뻗어간다. 어디서부터 잘못된 걸까? 다른 말을 건넸다면, 다른 선택을 했다면 지금과 달랐을까? 그래도 그 친구와 멀어졌을까?

후회하는 것은 아니지만 종종 다른 선택지에 대한 아쉬운 마음이 드는 것이 사실이다. 당시에는 친구와 멀어진 상황이 참을 수 없이 괴롭고 슬펐는데, 지금에 와서는 어떤 말이나 행동을 했더라도 그 친구와는 멀어질 수밖에 없지 않았을까 생각하기도 한다. 잘 섞이지 않는 재료가 있듯이, 너와 내가 빛나는 때와 장소가 다르듯이, 서로에게 어울리는 관계를 찾아가는 것이 나에게도 너에게도 좋겠지 다독인다.

어제는 밤늦게 에멘탈 치즈를 주문했다. 치즈만 먹는 것이 아직도 익숙하지 않은 치즈 초심자이지만, 에멘탈 치즈만은 그냥 먹어도 맛있다. 특히 사과와 버터를 만나면 잔뜩 신이 난 것처럼 맛의 케미스트리가 폭발한다.

그럼 오늘도 배불리 잘 먹겠습니다.

땅콩버터와 고구마 토스트

**식빵 1쪽, 호박고구마 1개, 버진 올리브 오일 2T, 땅콩버터 2T,
시나몬 파우더 약간, 아몬드 슬라이스 약간**

30분

1 호박고구마를 1cm 두께로 썰고 버진 올리브 오일을 뿌린 후, 180도로 예열한 오븐에 20분간 굽는다.
2 호박고구마를 15분 정도 구웠을 때 4~5cm 두께로 썬 식빵을 넣고, 남은 5분간 함께 굽는다.
3 구운 식빵 위에 땅콩버터를 바르고, 구운 호박고구마를 올린다.
4 3 위에 시나몬 파우더와 아몬드 슬라이스를 기호에 맞게 올린다.

∴ 따뜻한 호지차(찻잎을 볶아 만든 차로 고소한 맛이 특징)를 곁들여 마시면 좋다.

구운 고구마 토스트

✕

호밀빵 1쪽, 고구마 1/2개, 마요네즈 2T, 홀그레인 머스터드 1t, 꿀 1T, 버진 올리브 오일 1T

✕

5분

▼▼▼▼

1 호밀빵을 팬에 올리고 약한 불에 잘 뒤집으며 굽는다.

2 분량의 마요네즈와 꿀, 홀그레인 머스터드를 그릇에 넣고 섞는다.

3 고구마를 얇게 썰고 버진 올리브 오일을 뿌린 다음, 180도 오븐에 20분간 굽는다.

4 호밀빵에 2를 듬뿍 바르고, 구운 고구마를 올린다.

새로운 업무의 막바지에 이르러 모든 동료가 정신없이 바쁜 때였다. 마감은 정해져 있는데 할 일은 줄지 않고 계속 불어나 여기저기서 한숨이 마를 새가 없었다.

"아 정말 이번 일은 고구마 줄기 같네요. 캐도 캐도 계속 나오고 말이죠."

나는 그때 고구마 줄기 같다는 말을 처음 듣고 한참을 깔깔거리며 웃었다.

"그러네요. 정말 이번 일은 고구마 줄기 같네요."

동료와 그렇게 잠깐 농담을 주고받고는 다시 마지막 남은 고구마까지 샅샅이 찾아 캐내기 위해 온 힘을 다했다. 그렇게 그때의 일은 잘 마무리했지만 여전히 대부분의 업무는 고맙게도(?) 고구마 줄기 캐듯 줄줄이 나오고 있다. 그래도 고구마는 맛있으니까 캐도 캐도 계속 나온다는 표현을 들어도 어쩐지 마냥 힘들게 느껴지지 않는다.

고구마는 늘 우유와 곁들여 먹는 정도였는데 토스트를 만들려고 고민하다가 감자 샐러드로 만들어 먹던 조합을 응용하면 어떨까 싶어서 마요네즈와 홀그레인 머스터드, 꿀을 섞어 스프레드를 만들어 함께 먹었다. 더 달달하게 먹고 싶다면 꿀의 비율을 높이면 되지만 요즘 고구마가 워낙 달고 맛있어서 꿀은 약간만 섞는 게 좋다. 오븐에 구웠을 때 노릇노릇 눈이 즐거운 색감을 원한다면 밤고구마보다는 호박고구마를 선택하는 편이 좋겠다.

땅콩버터와 바나나 토스트

**두껍게 썬 식빵 1쪽, 바나나 1/2개, 옥수수 약간, 땅콩버터 2T,
버터 10g, 꿀 약간, 아몬드 또는 호두 약간**

10분

1 팬에 식빵을 약한 불로 굽는다.

2 다른 팬에 중간불로 버터를 녹인 뒤 옥수수를 넣고 노릇노릇해질 때까지 잘 섞으며 볶는다.

❖ 통조림 옥수수를 사용한다면 국물은 제거하고 옥수수만 볶는다.

3 바나나를 얇게 썬다.

4 구운 식빵에 땅콩버터를 바르고, 2와 3을 함께 올린다.

5 꿀을 뿌리고 아몬드나 호두가 있다면 함께 곁들인다.

∵ 꿀까지 뿌리면 정말 달고 맛있지만, 취향에 따라 생략해도 괜찮다.

알람은 나를 깨울 때도 있지만(많지 않다) '부탁을 했으니 알려는 드릴게'가 된 지 오래다. 그래도 그 덕분에 몸은 덜 깼지만 서둘러 정신부터 차리고 출근 준비를 한다.

고등학교 때, 아침이면 늘 우리 삼 형제의 식사를 챙기느라 바쁜 엄마가 웬일인지 늦잠을 잔 날이 있었다. 너무 늦어서 서두를 생각조차 하지 않고 마음을 내려놓고 있었던 그때, 홀로 분주해 하며 당황한 표정이 역력한 엄마가 보였다. 엄마는 너무 당황한 나머지 겁에 질린 것처럼 보였는데, 그러다 서로 마주 보고는 웃었다. 엄마도 실수할 수 있구나. 늘 일찍 일어나는 것은 아니구나. 당연한 사실을 새삼스럽게 느낀 고마운 날이었다.

주말이면 알람 따위 꺼두고 다시 자겠지만, 안타깝게도 주말보다는 평일인 날이 많다. 무거운 몸을 일으켜 부지런히 아침 식사 준비를 시작한다. 그래도 오늘은 달달한 토스트를 만들 생각으로 어젯밤에 준비해둔 재료들이 있어서 작게나마 위안이 된다. 달콤한 향이 집 안을 가득 채워 준비할 때부터 기분을 좋게 하는 바나나 토스트. 일어나기가 유난히 힘든 평일 아침(특히 월요일)이라면 '1'밖에 차지 않은 에너지 게이지를 적어도 '7'까지 끌어올려 줄 에너지바 같은 토스트가 될 것이다. 비록 잠깐일지라도!

콘버터 토스트

식빵 1쪽, 초당 옥수수 약간, 버터 20g, 크림치즈 약간, 파슬리 가루 약간

15분

1 팬에 버터를 올려 약한 불에 녹이고 초당 옥수수를 볶는다.

◈ 통조림 옥수수를 사용한다면 국물은 제거하고 옥수수만 볶는다.

2 볶은 옥수수에 통후추를 갈아서 뿌린다.

3 달군 팬에 식빵을 올려 약한 불에 앞뒤로 굽고, 크림치즈를 바른다.

4 3에 2를 올리고, 파슬리 가루를 뿌린다.

구운 초당 옥수수 토스트

호밀빵 1쪽, 초당 옥수수 약간, 버터 20g, 와사비 크림치즈 2T, 쪽파 약간(선택), 크러쉬드 페퍼 약간

15분

1 팬에 버터를 올려 약한 불에 녹이고 초당 옥수수를 볶는다.
  ◈ 통조림 옥수수를 사용한다면 국물은 제거하고 옥수수만 볶는다.
2 볶은 옥수수에 통후추를 갈아서 뿌린다.
3 달군 팬에 호밀빵을 올려 약한 불에 앞뒤로 굽고, 와사비 크림치즈를 바른다.
4 3에 볶은 옥수수와 잘게 썬 쪽파를 올리고, 크러쉬드 페퍼를 뿌린다.
  ◈ 와사비 크림치즈가 없다면 생와사비와 크림치즈를 1:2 비율로 섞으면 된다. 와사비의 양은 기호에 맞게 조절한다.

초당 옥수수를 처음 만난 날이 생각난다. 그맘때쯤 주변에서 이야기를 많이 들어서 궁금했지만 '초당' 옥수수라니 일반 옥수수보다 조금 더 단맛이 많이 나겠지 정도로 생각하고 있었다. 그러다 회사 동료가 너무 맛있었던 나머지 혼자 먹기 아깝다며 사무실에 가지고 온 초당 옥수수를 한 알 떼어 먹었는데, 그것은 지금까지 내가 알던 옥수수가 아니었다. 식감이 일반 옥수수와 다르게 아삭아삭한 데다 씹히면서 톡톡 터지는 즙이 정말 달고 또 달았다. 도저히 멈출 수 없었던 나는 집에 가는 길에 들고 있던 옥수수 한 개를 금방 다 해치웠다. 그 이후 자발적인 전파자가 되어 여기저기 초당 옥수수 타령을 하며 다녔다.

그냥 먹어도 맛있지만 쪄 먹어도 맛있고, 구워 먹어도 맛있고, 조미해서 먹어도 맛있고, 심지어는 냉동실에 뒀다 해동해서 먹어도 그대로 맛있다.(바로 먹는 것만 못하긴 하지만.) 초당 옥수수는 6월에서 7월 사이에 짧게 출하되는 만큼 긴장을 늦추지 말고 기다려야 한다. 돌아올 여름에는 더 적극적인 전파자가 되어 초당 옥수수를 알려볼 생각이다. 안 먹어본 사람은 있어도, 한 번만 먹어본 사람은 없다는 바로 그 초당 옥수수! 우선 한번 잡숴보세요.

밤고구마 토스트

두껍게 썬 식빵 1쪽, 밤고구마 1개, 크림치즈 약간, 꿀 약간, 아몬드 슬라이스 약간

15분

1 식빵을 두껍게 썰어 180도로 예열한 오븐에 4분간 굽는다.

2 식빵을 굽는 동안 전기밥솥 만능찜 모드로 밤고구마를 찐다.

◆ 전기밥솥이 없다면 찜기나 압력 밥솥 등 편한 방법으로 찐다.

3 구운 식빵에 크림치즈를 바른다.

4 찐 밤고구마를 식혔다가 껍질을 벗기고 3에 올린다.

5 꿀을 조금 뿌리고 아몬드 슬라이스를 올린다.

자주 가는 동네 중식당이 있다. 요리도 맛있지만 식사 전후로 작은 접시에 담겨 나오는 중국 고구마 맛탕인 바쓰디과의 맛이 일품이다. 바쓰디과를 물이 담긴 작은 종지와 늘 함께 주기에 물은 왜 주는 건지 물어보니, 물이 있으면 고구마에 가는 실처럼 묻어나는 설탕 시럽을 쉽게 끊을 수 있다고 했다. 엉겨 붙은 고구마 한 조각을 물에 넣었더니 정말 실처럼 늘어지던 설탕 시럽이 바로 끊어졌다. 맛은 어렸을 때 엄마가 해주던 고구마맛탕과 비슷하다. 중국에서도 이 요리가 가장 대중적이고 기본적인 디저트 중 하나라고 하니 역시 맛있다고 느끼는 미각은 다 비슷한가 보다. 바쓰디과의 '바쓰'는 중국어로 실을 뽑는다는 뜻이라고 한다. 어렸을 때 먹던 고구마맛탕보다 설탕 시럽이 더 길게 늘어지는 것으로 봐서 이름을 참 적절하고 재치 있게 지었구나 싶었다.

그러면 우리가 부르는 고구마맛탕의 '맛탕'은 무슨 뜻일까? 맛탕은 고구마, 당근, 감자, 옥수수 등에 설탕과 물엿을 졸여 만든 시럽을 입힌 음식을 통칭하는 말로 쓰이는데 어원이 불분명하여 '마탕' 또는 '맛탕'으로 모두 쓰인다고 한다. 어원이 불분명하다면, 지금까지 그랬듯 훨씬 맛있는 느낌이 드는 고구마맛탕으로 불러야겠다. 반복해서 쓰고 입으로 되뇌다 보니 시럽이 실처럼 늘어나는 동네 중식당의 고구마맛탕이 지금 당장 먹고 싶다.

팥버터와 시골 식빵

식빵 1쪽, 팥소 3T, 버터 10g, 꿀 약간, 통후추 약간

15분

1 식빵을 두껍게 썰어 180도로 예열한 오븐에 4분간 굽는다.
2 구운 식빵에 꿀을 먼저 뿌리고, 통후추를 갈아서 뿌린 후 버터를 잘라 올린다.
3 작은 종지에 팥소를 담고, 커피와 함께 준비한다.

명소를 찾아가는 것만큼 좋아하는 가게나 장소를 찾는 것 또한 여행의 큰 즐거움 중 하나다. 나는 도쿄를 좋아하게 된 지 오래라 그곳을 떠올리면 기분 좋은 에너지들이 차곡차곡 쌓이는 기분이 든다. 도쿄에는 좋아하는 가게가 많은데, 요 몇 년간은 우에노 공원 앞에 있는 안미츠팥을 이용하여 만든 일본의 디저트 전문점 '미하시'를 꼭 들렀다. 관광객을 비롯해 방문하는 사람이 늘 많은 편이라 갈 때마다 적게는 5~10분에서 길게는 30분까지 기다리는데, 한참 기다렸다 맛있게 먹고 나오면 다시 줄을 서고 싶은 마음이 들 정도로 맛이 일품이다.

팥소에 아이스크림이나 과일, 한천, 떡 등을 조합한 다양한 메뉴가 있다. 무엇을 조합하든 어떤 메뉴를 선택하든 하나만 시킨 것을 후회하게 될 것이므로 반드시 2개 이상을 시켜야 한다. 이미 배불리 먹었지만 결국 가게를 나서면서 하나는 포장해 가야 비로소 임무를 완수한 기분이 든다. 팥이 가득 올라간 빙수, 팥으로 만든 페이스트, 팥 아이스크림에 팥죽까지. 여름이고 겨울이고 팥이 문득문득 생각나는 걸 보면 새삼스레 좋아하는 마음이란 이런 건가 싶다.

구운 브리 치즈와 바게트

바게트 2쪽, 브리 치즈 1/4조각, 꿀 2T, 피스타치오 약간

15분

1 원형의 브리 치즈 윗면에 포크로 구멍을 몇 개 내고 꿀을 뿌린다.

2 피스타치오를 잘게 다져 1 위에 올리고,
180도로 예열한 오븐에 10~15분간 굽는다.

3 팬에 바게트를 올려 약한 불로 굽고, 2를 곁들인다.

구운 바나나 토스트

호밀빵 1~2쪽, 바나나 1개, 블루베리 또는 블루베리 콩포트 원하는 만큼(68쪽 참고), 마스카포네 치즈 3T, 버터 20g, 설탕 2T, 메이플시럽 1T(선택)

20분

1 바나나를 반으로 자르고, 다시 세로로 반을 자른다.
2 호밀빵을 150도로 예열한 오븐에 5~7분간 굽는다. 중간에 한 번 뒤집는다.
3 달군 팬에 버터와 설탕을 넣어 녹인 다음 바나나를 올려 앞뒤로 뭉근하게 굽는다.
4 구운 호밀빵에 마스카포네 치즈를 듬뿍 올리고, 구운 바나나와 블루베리 또는 블루베리 콩포트를 원하는 만큼 올린다. 더 달게 먹고 싶다면 메이플 시럽을 곁들인다.

"참외 좀 챙겨줄까? 오이소박이 좀 가져갈래?"

같은 동네에 사는 동생네 집에 자주 놀러 가는데, 집을 나설 때면 동생이 늘 묻는다. 묻는 말끝에 눈이 마주치면 같이 웃는다. 엄마 집에서 나설 때 엄마가 늘 우리에게 하던 말인데 동생이 언젠가부터 똑같이 말하기 시작했다. 말하지 않을 때는 이미 조금씩 챙겨둔 것을 주곤 한다. 맛있는 과일이나 반찬을 나눌 때 말고도 동생에게서 엄마의 모습을 발견할 때면 신기하기도 하고 귀엽기도 해서 절로 웃음이 나온다.

어렸을 때부터 첫째인 나보다 가족을 잘 챙기고 마음도 잘 쓰던 두 살 터울 동생이 어느덧 결혼하고 아이를 낳아 엄마가 되었다. 조카를 바라보는 기쁨도 크지만, 조카와 함께 있는 동생을 보는 기쁨이 왠지 모르게 더 크다. 언제 이렇게 커서 직장생활을 하고, 아이를 키우는 엄마가 되었을까. 오늘도 동생네 집에서 함께 밥을 먹고 집을 나서는데 동생이 묻는다.

"바나나 좀 줄까?"

내일은 아침에 바나나를 구워 먹어야겠다.

가족이 되어가는 중

결혼한 지 7년이 지났다. 30대 초반이었던 우리는 30대 후반이 되었고 외모도 성격도 조금씩 바뀌었다. 원룸에서 시작했던 신혼집에 비해서는 집도 조금 더 커졌다. 어리게만 느껴지던 동생이 낳은 아이는 벌써 유치원에 다니는 7살 어린이가 되었다.

여느 날과 같은 주말 오후였다. 남편과 저녁밥을 만들어 맛있게 먹고 후식으로 커피를 내려 마시며 남은 휴일을 어떻게 보낼지 도란도란 이야기를 나누고 있었다. 그때 남편의 전화기가 울렸다. 남편이 전화를 받은 후 잠깐의 정적이 흘렀고, 남편이 목소리를 떨며 어쩔 줄 모르는 표정으로 자리에서 서둘러 일어섰던 기억이 난다. 어머님이 돌아가셨다는 전화였다. 택시를 타고 서울에 있는 병원으로 가는 내내, 떨리는 남편의 손을 잡고 제발 아니기를, 정말 제발 아니기를 기도하고 또 기도했다. 병원에 도착하고 나서야 다리에 힘이 풀린 남편은 울었다. 오랫동안 아프셨던 어머니는 우리가 결혼하고 얼마 지나지 않아, 부부라고 부르기도 아직 어색했을 때에 갑자기 세상을 떠나셨다.

평소 드라마를 잘 보지 않는 남편이 채널을 돌리다 가족 드라마에서 멈춰 전혀 슬프지 않은 장면에서 눈을 비비면, 농담 삼아 "울어?" 하고 묻고는 남편의 등을 쓸어 내린다. 남편이 종종 어릴 적 집에서 어머니가 해주셨던 음식 이야기, 잘 먹지 않고 투정 부렸던 후회 섞인 이야기, 철없이 고집부리다 야단맞았던 이야기들을 해줄 때가 있다. 듣고 있으면 아무렇지도 않게 툭툭 던지는 말에도 깊은 그리움이 묻어 나온다. 남편에게 좋은 일이 있을 때마다 나는 가장 먼저 마음속으로 어머니에게 전한다. 남편이 좋아하는 것만큼 어머니도 좋아하실 것 같아서. 결혼한 지 7년이 지났지만, 우리는 지금도 천천히 가족이 되어가는 중이다.

빵은 거들 뿐,
오늘은 샐러드다!

하몽과 복숭아 샐러드

호밀빵 2쪽, 하몽 약간, 복숭아 1개, 모차렐라 치즈 약간, 어린잎 채소 약간,
올리브 오일 2T, 통후추 약간

10분

▼▼▼▼

1 복숭아는 반달 모양으로 자르고, 하몽과 모차렐라 치즈는
먹기 좋은 크기로 자른다.

2 어린잎 채소를 씻어 물기를 제거한다.

3 달군 팬에 버터를 두르고 약한 불에 호밀빵을 잘 뒤집으며 굽는다.

4 그릇에 1과 2를 함께 담고 올리브 오일과 통후추를 갈아서 뿌린 뒤,
구운 호밀빵을 곁들인다.

∴ 단단한 복숭아와 무른 복숭아 모두 먹어봤는데, 무른 복숭아가 하몽과 더 조화로웠다.
하지만 선택은 각자의 몫! 평소 좋아하는 복숭아로 선택해보자.

여행을 가서 그곳의 생산품을 사는 일은 오랜 친구가 알려준 팁이다. 지역의 생산품은 먹거리일 때도 있고, 그릇이나 인형 같은 공예품이거나 책이나 문구일 때도 있다. 그릇이나 컵에 관심이 생기면서 여행지에서 하나둘씩 사 모은 것들은 집에서 잘 쓰고 있다. 카레를 담으면 좋겠다 생각하고 산 그릇은 카레를 담는 그릇으로, 작은 컵과 빵을 함께 올려 먹기 좋겠다 생각하고 산 그릇은 토스트 일기에 자주 등장하는 단골 그릇으로 각자의 자리를 찾았다. 그릇이나 컵이 많은 편은 아니지만 앞으로의 쓰임을 미리 고민해서 사고 오래 아끼는 마음으로 쓰고 싶다.

하몽과 복숭아 샐러드를 담은 그릇은 2~3년 전쯤 후쿠오카 여행에서 샀다. 좋아하는 카페가 있는 건물 1층의 아름다운 그릇 가게에서 오랜 고심 끝에 작은 화병과 함께 구매했다. 카페에 가기 전에 그릇 가게에 먼저 들러 눈으로 훑어보았는데, 커피를 마시는 내내 마음에서 떠나질 않았던 것이다. 그렇게 만난 이 그릇은 우리 집에서 가장 아끼는 그릇이 되었다. 설거지도 미루는 일 없이 바로바로 해서 물기를 닦아 장에 고이 넣어둔다. 크기와 색, 내용물이 담기는 깊이까지 걸리는 구석 없이 모두 썩 마음에 든다. 고려하는 모든 조건이 맞는 그릇을 찾기란 여간 힘든 일이 아니므로 그릇장에 잘 마른 그릇을 넣을 때마다 흐뭇한 마음도 함께 넣는다. 앞으로도 오래오래 잘 부탁해.

멜론과 보코치니 치즈 샐러드

호밀빵 1~2쪽, 멜론 1/4개, 복숭아 1개, 미니 시금치 약간, 보코치니 치즈 6~7개,
올리브 오일 2T, 꿀 1T, 소금 약간, 통후추 약간

10분

1 호밀빵을 팬에 올리고 약한 불에 잘 뒤집으며 굽는다.

2 미니 시금치를 깨끗하게 씻어 물기를 제거하고 그릇에 담는다.

3 멜론과 복숭아를 2cm 크기로 깍둑썰기하고,
보코치니 치즈와 함께 그릇에 담는다.

∵ 복숭아를 먼저 잘라두면 색이 금방 변하니 가장 나중에 준비한다.

4 올리브 오일과 꿀, 소금 한 꼬집을 섞어 3에 골고루 뿌리고,
통후추를 갈아서 함께 버무린다.

청포도 샐러드

청포도 20알, 베이비 루콜라 약간, 마스카포네 치즈 약간, 해바라기 씨 약간
드레싱: 올리브 오일 2T, 레몬즙 2t, 꿀 1T, 소금 약간

10분

1 청포도 알을 씻어 반으로 자른다.

2 분량의 재료로 드레싱을 만든 다음,

자른 청포도를 넣어 5분 정도 재운다.

3 루콜라를 씻어 2와 해바라기 씨, 마스카포네 치즈와 함께

먹기 좋게 올리고 통후추를 갈아서 뿌린다.

아무래도 토스트의 양이 적은 편이다 보니, 혼자 하는 식사냐는 질문을 받고는 한다. 같이 먹을 때도 있지만 대체로 혼자 먹을 때가 많다. 나보다 출근이 더 빠른 남편은 좋아하는 음식을 따로 챙겨 먹거나 때로 아침을 거르기 때문이다. 아침 메뉴로 과일이 들어간 샐러드나 토스트를 즐기는 나와 달리 과일을 별로 좋아하지 않는 것도 이유 중 하나다.

과일을 빼면 우리는 좋아하는 음식이 대체로 비슷한 편이지만, 날마다 같은 음식이 먹고 싶을 확률은 지극히 낮기 때문에 평일 저녁 메뉴를 선택하는 데는 오랜 시간이 걸리기도 한다. 평일에는 아침과 점심을 각자 먹으니 저녁으로 먹고 싶은 음식이 다를 가능성이 높고, 그날의 컨디션이나 업무 강도에 따라 기분이 좋을 수도 나쁠 수도 있기 때문에 메뉴를 결정하기까지는 무한한 변수가 존재한다. 스트레스가 극심한 날은 매운 음식을 선택하게 되는데, 요즘 부쩍 자주 찾는 메뉴는 마라샹궈다. 향이 강하고 자극적인 이 음식을 먹고 나면 뾰족하게 솟아있던 스트레스가 약간은 덤덤히 가라앉는 기분이 든다. '당분간은 안 먹어도 될 것 같아!' 생각하며 미련 없이 가게를 나서지만, 머지않아 "안 되겠어, 매운 음식 먹자!" 하고 다시 오게 되겠지.

새우와 자몽 샐러드

새우 10마리, 마늘 1~2쪽, 양파 약간, 크러쉬드 페퍼 약간, 소금 약간
드레싱: 자몽청 2T, 피시소스 1t, 화이트 발사믹 비네거 1t

20분

1 끓는 물에 소금 한 꼬집과 새우를 넣고 30~40초간 센 불에 데친 후 얼음물에 담갔다가 뺀다.

2 마늘과 양파를 잘게 다져서 1 위에 올린다.

3 분량의 재료로 드레싱을 만들어 2 위에 올리고, 크러쉬드 페퍼를 뿌린다.

새우와 토마토를 곁들인 보코치니 샐러드

새우 10개, 방울토마토 4~5개, 오이 1/3개, 적양파 약간,
보코치니 치즈 5~6개, 소금 약간
드레싱: 피쉬 소스 2t, 레몬즙 4t, 꿀 2t, 다진 마늘 1t

15분

▼▼▼▼

1 끓는 물에 소금 한 꼬집과 새우를 넣고 30~40초간 센 불에 데친 후 얼음물에 담갔다가 뺀다.

2 방울토마토와 오이는 한입 크기로 자르고, 적양파는 채썬다.

3 준비한 모든 재료와 보코치니 치즈를 한 그릇에 담는다.

4 분량의 재료를 섞어 드레싱을 만들고 3에 골고루 뿌린다.

음식을 접해보지 않고 처음 태국에 갔을 때는 날씨나 주변 풍경에 더 크게 매료되었던 것 같다. 우리는 우기에 태국을 찾았었는데, 비가 지붕을 뚫을 듯 세차게 내리다가도 순식간에 해가 따갑게 내리쬐었다. 잠시 서늘한 기운이 감돌며 젖었던 땅이 금세 말랐다. 날을 잘못 고른 건가 싶었지만, 나중에 알고 보니 동남아의 우기를 좋아하는 사람들도 적지 않았다. 두 번째 태국 여행을 갔을 때는 이미 태국 요리에 흠뻑 빠진 이후라 먹으러 가는 여행이라고 해도 과언이 아닐 정도로 음식에 대한 기대가 컸다. 길거리 음식부터 각종 식당까지 표시해두어 구글 지도가 빽빽할 정도였으니.

태국에서 들렀던 모든 음식점의 음식이 맛있었고 기억에 남지만, 가장 좋았던 곳은 우리가 묵었던 호텔 1층에 있는 식당이었다. 적은 양도 주문할 수 있어서 먹고 싶은 수프나 튀김, 샐러드를 마음껏 시킬 수 있었다. 특히 똠얌 수프가 맛있어서 호텔에 머무는 내내 이 수프를 먹으러 매일 한 번은 꼭 들렀다. 적은 양에도 꽤 크고 통통한 새우가 잔뜩 들어있었는데, 찐득한 질감의 태국식 밥과 함께 먹다 보니 금세 한 그릇을 다 비웠다. 태국 음식이 그리울 때면 새우를 데쳐 피시 소스를 넣은 샐러드를 만들어 먹는다. 그곳에서 먹었던 음식에 비할 바는 아니지만, 음식으로 여행지를 떠올리는 일은 언제든 즐거우니까.

복숭아 샐러드

**호밀빵 1~2쪽, 초당 옥수수 약간, 베이컨 1~2개,
버터 약간, 백도 복숭아 1/2개, 자몽 1/2개, 꿀 2T, 통후추 약간
드레싱: 레몬즙 2t, 올리브 오일 3T, 소금 약간, 크러쉬드 페퍼 약간**

20분

1 달군 팬에 버터를 두르고 초당 옥수수를 넣어 노릇해질 때까지 약한 불에 볶는다.

◆ 통조림 옥수수를 사용한다면 국물은 제거하고 옥수수만 볶는다.

2 베이컨을 팬에 올리고 바삭해질 때까지 중간 불로 굽는다.

3 복숭아는 물에 씻어 깍둑썰기한다.

4 자몽은 껍질을 벗겨 과육만 꿀에 잠깐 재운다.

5 호밀빵을 150도로 예열한 오븐에 5분간 굽는다.

6 4에 분량의 드레싱 재료를 섞는다.

7 그릇에 1, 2, 3을 담고 드레싱을 뿌린 뒤 통후추를 갈아서 넣는다.

자몽과 적양파 샐러드

호밀빵 1~2쪽, 자몽 2개, 적양파 약간, 꿀 2T, 통후추 약간
드레싱: 올리브 오일 3T, 화이트 발사믹 비네거 1~2t, 소금 약간

30분

1 자몽은 껍질을 벗겨 과육만 꿀에 재운다.
  ∵ 전날 저녁에 재워두고 다음 날 아침에 먹으면 좋지만, 시간이 없다면 10~20분 만 재워도 괜찮다.

2 호밀빵을 150도로 예열한 오븐에 5분간 굽는다.

3 적양파를 얇게 썰어 1의 자몽과 함께 그릇에 담는다.

4 3에 분량의 드레싱 재료를 넣고, 통후추를 갈아서 뿌린다.

요리를 하다 보면 양념에 '재운다'나 양념이 '배다'같이 재밌는 표현을 만난다. 사전을 찾아보니 '재운다'는 고기 따위의 음식을 양념해 그릇에 차곡차곡 담아둔다는 의미인데, 아이를 재우듯이 잠깐 자게 둔다는 뜻과도 통하지 않을까 하는 생각이 들었다. 이 단어를 떠올리면 어떤 재료가 다른 재료를 만나 서로 포개어지고 스며들어 점점 잠이 드는 귀여운 장면이 떠오른다. 의미를 곱씹으며 "재우다, 재우다" 하고 나도 모르게 소리 내어 따라 하게 된다.

자몽을 꿀에 재워 두니, 특유의 쓴맛은 줄어들고 함께 담은 양파의 단맛과 잘 어우러져 상큼하고 개운하다. 과일은 과일이 머금은 단맛 그대로도 좋지만, 다른 재료와의 조화가 필요할 때는 재우는 과정을 거치면 음식에 전체적으로 과일의 단맛이 배어 더 맛있어진다. 특히 치즈나 빵을 잼과 함께 먹다 보면 이래서 잘 어울리는구나 하고 당연한 사실을 이해할 수 있다. 긴 잠을 잔 과일의 모음이 잼이라면 낮잠같이 짧지만 꼭 필요한 순간을 보낸 것은 꿀이나 오일에 재운 과일이 아닐까.

구운 단호박과 새송이버섯

단호박 1/2개, 새송이버섯 약간, 어린잎 채소 약간, 아몬드 슬라이스 약간,
버진 올리브 오일 3T, 꿀 1T, 소금 약간, 통후추 약간

15분

1 단호박을 반으로 썰고 씨를 제거한다.
2 버진 올리브 오일(2T)에 꿀을 섞어 단호박에 골고루 뿌리고,
180도로 예열한 오븐에 10~15분간 굽는다.
3 달군 팬에 버진 올리브 오일(1T)을 두르고 새송이버섯을 넣은 뒤,
소금 한 꼬집을 뿌려 노릇해질 때까지 약한 불에서 굽는다.
4 어린잎 채소를 씻어 물기를 제거하고 그릇에 담는다.
5 4 위에 2와 3, 아몬드 슬라이스를 올린 뒤 통후추를 갈아서 뿌린다.

토마토와 체리 그리고 복숭아 샐러드

토마토 1개, 체리 5~6개, 복숭아 1/2개, 페타 치즈 약간, 바질 약간
드레싱: 올리브 오일 2T, 화이트 발사믹 비네거 1t, 꿀 1T

15분

1 토마토는 반달 모양으로 썰고,
복숭아와 체리는 한입 크기로 썰어 그릇에 담는다.
2 바질과 페타 치즈는 먹을 만큼만 준비해 1에 담는다.
3 분량의 드레싱 재료를 섞어 2 위에 골고루 뿌린다.

부라타 치즈와 토마토

호밀빵 2쪽, 부라타 치즈 1개(100~120g), 방울토마토 10개, 올리브 오일 5T,
꿀 1T, 화이트 발사믹 비네거 1t, 소금 약간, 통후추 약간, 오렌지 약간(선택)

25분

1 방울토마토를 반으로 썰어 그릇에 담는다.
2 올리브 오일(3T)과 꿀, 화이트 발사믹 비네거를 섞어 1에 골고루
뿌린 후, 랩으로 싸서 20분간 냉장고에 재운다.
3 호밀빵을 180도로 예열한 오븐에 5분간 굽는다.
4 그릇에 부라타 치즈를 담은 후, 소금 한 꼬집과
올리브 오일(2T)을 뿌리고 통후추를 갈아서 뿌린다.
5 4에 구운 호밀빵과 재워둔 토마토를 함께 담는다.

∵ 오렌지가 있다면 과육만 발라내어 곁들인다.

취미는 독서라고 자주 적었지만 요즘 같아서는 '책 구매'라고 적어야 할 판이다. 읽고 싶고 궁금한 책은 많은데 막상 책장에 꽂아놓으면 꺼내 읽기가 왜 이리도 어려운지. 이렇게 모셔두기만 하다가는 정말 안 읽은 책이 더 많겠다 싶어서 하루는 작전을 변경해 여기저기에 읽고 싶었던 책들을 배치했다. 눈에 띌 때마다 '아 내가 저 책을 읽으려고 했었지!'라고 떠올리면 깨닫고 읽지 않을까 하는 마음에 식탁과 침대 머리맡, 거실 테이블에 한 권씩 두었다. 처음에는 작전이 성공한 듯싶었다. 발견할 때마다 반가운 마음에 그 자리에서 책을 펼쳐 읽었고, 재회하는 기쁨도 있었다. 하지만 시간이 흘러도 다 읽지 못하고 다시 그 자리에 쌓여가는 책들을 보고 있자니 아무래도 작전이 실패한 것 같다.

읽지 못하고 쌓이는 책처럼 토스트 일기를 쓸 기운도 잃어갈 즈음 부라타 치즈를 주문했다. 부라타 치즈는 그냥 그릇에 턱 하니 올리는 작전만 수행해도 근사한 요리를 완성한 듯한 만족감을 얻을 수 있다. 아무도 나에게 책을 다 읽으라고 하지 않았고, 토스트 일기를 계속 쓰라고 하지 않았지만 나는 오늘도 나만의 작전을 촘촘히 수행할 것이다. 비록 실패할지라도 작전이야 언제든 다시 짜면 되는 거니까!

구운 파프리카와 초당 옥수수 샐러드

호밀빵 1쪽, 노란 파프리카 1개, 황금 방울토마토 3~4개, 초당 옥수수 1/2개,
버터 약간, 어린잎 채소 약간, 통후추 약간
드레싱: 올리브 오일 3T, 화이트 발사믹 비네거 1t, 꿀 1T, 소금 약간

35분

▼▼▼

1 파프리카를 씻어 꼭지와 씨를 제거해 4등분한 다음, 180도로 예열한 오븐에 25~30분간 굽는다.

2 구운 파프리카에 랩을 씌워 식힌 후, 겉부분의 껍질을 벗긴다.

3 달군 팬에 버터를 두르고 초당 옥수수를 넣어 노릇해질 때까지 약한 불에 볶는다.

◆ 통조림 옥수수를 사용한다면 국물은 제거하고 옥수수만 볶는다.

4 볶은 옥수수를 그릇에 덜고, 같은 팬에 호밀빵을 올려 약한 불에 잘 뒤집으며 굽는다.

5 어린잎 채소를 씻어 물기를 제거해두고,
방울토마토는 반으로 자른다.

6 준비한 모든 재료를 한 그릇에 담고, 분량의 재료를 섞어
드레싱을 만들어 뿌린다.

7 6에 통후추를 갈아서 뿌리고 구운 호밀빵을 곁들인다.

2년 넘게 같은 팀에서 일하면서 친하게 지내는 동료 A님은 나보다 언니인데, 굳이 떠올리려고 하지 않는 이상 나이 차를 잘 느끼지 못한다. A님뿐 아니라 친하게 지내는 동료 중에는 나보다 나이가 많거나, 적은 이들이 있다. 어릴 적에는 한 살 차이 나는 언니나 동생에게도 말을 걸기가 어색했는데, 나이가 들었다는 증거인지 지금은 나이 따위 모르고 지내는 게 오히려 편해 먼저 묻지 않는 편이다. 나이가 어떻든 동료들과 끝이 보이지 않는 고된(?) 행군을 같이 하고 있다 보니, 긴 말 필요 없이 함께 저녁을 먹으며 웃고 떠드는 것만으로도 큰 위안이 된다.

"내일은 그래도 다시 잘해봐야지!" 하며 서로의 회사생활을 연명하는 데 적지 않은 에너지를 주고받는다. 정말이지 소중한 사람들이다.

A님은 종종 집 앞 재래시장에서 싸게 샀다며 아보카도, 감자, 고구마, 토마토 할 것 없이 다양한 종류의 먹거리를 나눠주곤 한다. A님 덕분에 토스트 일기의 소재를 자연스럽게 찾은 날도 많다. 고마운 마음에 나도 먹거리가 생기면 적은 양이지만 기쁜 마음으로 나누는 일이 늘었다. 아! 그러고 보니 다 먹지도 못할 퀴노아를 욕심부려 한 통을 사버려서 나눠주겠다고 말해놓고 일주일째 가져가지 못한 것이 생각났다. 내일은 꼭 퀴노아를 챙겨 가야지.

딸기와 블루베리 그리고 석류 샐러드

호밀빵 1~2쪽, 어린잎 채소 약간, 딸기 5개, 블루베리 약간, 석류 1개
드레싱: 레몬즙 2t, 올리브 오일 3T, 꿀 1T

10분

1 딸기, 블루베리를 물에 씻고
딸기는 반으로 썰고, 석류는 과육만 준비한다.
2 호밀빵을 팬에 올리고 약한 불에 잘 뒤집으며 굽는다.
3 어린잎 채소를 씻어 물기를 제거한 뒤 그릇에 담는다.
4 어린잎 채소가 담긴 그릇에 1을 넣고,
분량의 재료로 드레싱을 만들어 뿌린 다음, 구운 호밀빵에 곁들인다.

청귤 샐러드

호밀빵 1쪽, 어린잎 채소 약간, 레몬즙 1t, 마늘 2쪽, 해바라기 씨 약간,
올리브 오일 3T, 청귤청 2T(188쪽 참고), 오렌지 잼 약간(선택),
리코타 치즈 약간(선택)

20분

1 달군 팬에 버터를 두르고 약한 불에 호밀빵을 잘 뒤집으며 굽는다.
2 어린잎 채소를 씻어 물기를 제거한 뒤 그릇에 담는다.
3 청귤청의 청귤을 꺼내 2의 그릇에 담고,
해바라기 씨를 올린다.
4 잘게 다진 마늘에 올리브 오일, 레몬즙,
소금 한 꼬집을 넣어 잘 섞은 후 3에 골고루 뿌린다.
5 구운 호밀빵을 곁들인다.
∵ 리코타 치즈와 오렌지 잼을 곁들여도 좋다.

〖 청귤청 〗

베이킹소다 2t, 청귤 원하는 만큼, 청귤과 같은 분량의 설탕

50분

▿▿▿▿

1 베이킹소다를 푼 물에 청귤을 10분 정도 담가둔다.

2 1의 청귤을 흐르는 물에 깨끗하게 씻어 물기를 제거하고,
2mm 두께로 얇게 썬다.

∵ 얇게 썰기 어렵다면 채칼을 이용해도 좋다.

3 청귤과 같은 양의 설탕을 넣고 버무린 후, 30분 정도 둔다.

4 열탕 소독한 병에 3을 담고 남은 설탕으로 채운다.

5 상온에서 3~4일 보관한 후 먹는다.

∵ 냉장 보관할 경우에는 일주일 후에 먹으면 좋다.

데친 새우와 청귤 샐러드

**호밀빵 1쪽, 새우 10마리, 베이컨 1줄, 청귤청 2T(188쪽 참고),
어린잎 채소 약간, 올리브 오일 2~3T, 버터 10g, 소금 약간, 통후추 약간**

20분

1 끓는 물에 소금 한 꼬집과 새우를 넣어
30~40초간 센 불에서 데친 후 얼음물에 담갔다가 뺀다.
2 팬에 올리브 오일을 두르고 중간 불에서
베이컨을 바짝 구워 잘게 자른다.
3 어린잎 채소를 씻어 물기를 제거해 그릇에 담은 뒤
데친 새우와 자른 베이컨, 청귤청을 넣는다.
4 3에 올리브 오일을 골고루 뿌리고,
통후추를 갈아서 뿌린 뒤 잘 섞는다.

5 호밀빵을 팬에 올리고 약한 불에 잘 뒤집으며 굽고,
버터를 약간 올려 샐러드와 곁들인다.

후쿠오카에 가면 꼭 들르는 그릇 가게 사장님이 점심 식사로 좋을 거라며 우동집을 소개해주셨다. 겨울이었지만 여름에 별미로 먹는다는 청귤 우동을 주문했다. 덜 익은 푸른 빛깔의 청귤은 신맛이 강한 편이라 그대로 먹기보다는 청으로 만들거나 차로 마신다는 이야기를 들었다. 도무지 우동과 어울릴 것 같지 않은 재료였는데 많이들 먹는다고 하니 믿고 시켜보기로 했다. 곧 얇게 썬 청귤을 올린 우동이 나와 국물부터 맛보았다. 상큼하면서 고소하고, 오묘하고도 신 끝맛이 정말 매력적이었다. 냉우동이라 면도 쫄깃쫄깃해 사라지는 게 아쉬울 정도로 맛있었다. 나중에 다시 온다면 여름에, 여름의 기분으로 먹어봐야겠다는 다짐을 하며 기분 좋게 가게를 나섰다.

청귤 우동을 먹어보기 전까지는 마트에서 청귤을 본 적이 없었던 것 같은데, 한번 경험해본 탓인지 종종 눈에 들어왔다. 우선 청귤청을 만들었고, 어떤 조합이 좋을지 고민하다 남은 새우를 데쳐 청귤과 함께 샐러드로 만들어 먹었다. 다음에는 용기를 내서 청귤 냉우동 만들기 도전!

아보카도와 귤 샐러드

호밀빵 1쪽, 아보카도 1개, 귤 1개, 달걀 1개, 양파 약간
드레싱: 올리브 오일 3T, 레몬즙 1T, 소금 약간, 버터 10g,
파슬리 가루 약간, 통후추 약간

20분

1 아보카도는 반달 모양으로 썰고, 귤은 껍질을 벗겨 과육만 남긴다.
2 달걀을 10~12분간 삶아 껍데기를 벗기고 먹기 좋게 썬다.
   ∵ 취향에 따라 반숙으로 삶아도 좋다.
3 양파를 채썬 뒤 물에 담가 매운맛을 제거하고 잘게 다진다.
4 분량의 재료를 섞어 드레싱을 만들고 3의 양파와 섞는다.
5 호밀빵을 팬에 올리고 약한 불에 잘 뒤집으며 굽는다.
6 그릇에 아보카도와 달걀을 담고, 4를 뿌려
   구운 호밀빵을 곁들인다.

모차렐라 치즈와 토마토 샐러드

흑토마토 1~2개, 복숭아(백도) 1개, 적양파 1/4개, 양송이버섯 2개,
모차렐라 치즈 약간, 통후추 약간

드레싱: 라임 1/2개, 화이트 발사믹 비네거 1~2t, 올리브 오일 3T, 소금 약간

10분

1 흑토마토, 복숭아(백도), 양송이버섯, 적양파를 깨끗이 씻어 한입 크기로 자른다.

2 모차렐라 치즈도 먹기 좋은 크기로 자른다.

3 분량의 드레싱 재료를 섞어 1과 2를 담은 그릇에 뿌린 뒤 통후추를 갈아서 넣는다.

51

콘버터와 아보카도 샐러드

바게트 1~2쪽, 초당 옥수수 1/2개, 아보카도 1/2개, 쪽파 약간,
버터 20g, 소금 약간, 통후추 약간

15분

1 팬에 약한 불로 버터를 녹이고 초당 옥수수를 볶는다.
  ◈ 통조림 옥수수를 사용한다면 국물은 제거하고 옥수수만 볶는다.
2 바게트를 팬에 올리고 약한 불에 잘 뒤집으며 굽는다.
3 아보카도는 껍질을 벗겨 깍둑썰기해 그릇에 담고,
  소금 한 꼬집을 골고루 뿌린다.
4 초당 옥수수를 아보카도에 올린 후,
  잘게 자른 쪽파를 올리고 통후추를 갈아서 뿌린다.
5 구운 바게트를 함께 곁들인다.

레드향 샐러드

식빵 1쪽, 레드향 1개, 리코타 치즈 약간, 어린잎 채소 약간, 딜° 약간(선택), 올리브 오일 2T, 꿀 1T, 통후추 약간

10분

1 레드향의 껍질을 벗기고 깍둑썰기 한다.
2 어린잎 채소를 씻어 물기를 제거해 그릇에 담고 1과 리코타 치즈를 올린다. 딜이 있다면 마지막에 약간 올린다.
3 올리브 오일에 꿀을 섞어 2에 뿌린 다음 통후추를 갈아 넣는다.
4 식빵을 팬에 올리고 약한 불에 잘 뒤집으며 굽고, 3에 곁들인다.

○
상쾌한 향이 나는 허브로, 연어나 생선 요리의 넣어 비린내를 제거하거나 고유의 맛을 느끼도록 돕는 역할을 한다. 귤과 비슷한 맛이 나기도 해서 귤이 들어가는 샐러드에 곁들이기 좋다.

내가 하는 일에는 네이밍 업무가 있는데, 네이밍은 하면 할수록 참 어렵고도 알 수 없는 세계이다. '천혜향'이라는 감귤 품종의 이름을 듣고 왜 천혜향일까 궁금했는데, 알고 보니 처음에는 백록향, 미래향, 탐라향, 세토까 등 여러 상품명으로 출하되었다가 다양한 이름이 혼선을 초래해 공모를 통해 선정한 이름이라고 한다. 향기가 천리를 간다는 의미로 신선하고 향과 맛이 뛰어나다는 점을 부각한 명칭이라고. 듣고 나면 다른 이름보다 상품의 특성을 잘 반영한 듯해 기억에 오래 남는다.
　제주가 고향인 친한 친구가 어머니께서 이번에 새로 재배한 레드향을 보내주셨다며 몇 개 나눠주었다. 받고 보니 크기가 큰 귤들은 이름 끝에 '향'을 붙이는 것 같다. 껍질이 다른 귤에 비해 붉어 레드향이라고 이름 지었다는 이 귤은 알맹이가 굵고 식감이 단단하며 껍질이 엄청 얇다. '그래도 귤이 다 비슷한 맛이겠지' 하고 까서 먹어보았는데 이게 웬걸. 당도도 높고 큰 알갱이가 톡톡 터지는 식감이 재밌는 데다 이름 탓인지 빨간색에 맛이 있다면 이런 맛일 것 같았다. 귤 이야기를 하다 보니 문득 귤밭이 늘어선 제주에 가고 싶다.

토마토 새우 샐러드

호밀빵 1~2쪽, 방울토마토 10개, 냉동 새우 6~7마리,
다진 마늘 1~2t, 버터 20g, 옥수수 약간(선택)
드레싱: 올리브 오일 3T, 바질페스토 1T, 레드 발사믹 비네거 1~2t,
꿀 2t, 소금 약간, 통후추 약간

1 해동한 새우를 굵은 소금 한 꼬집과 함께 물에 5분 정도 담갔다가 찬물에 씻는다.
2 달군 팬에 버터를 둘러 약한 불로 옥수수를 볶고 그릇에 옮긴다.
◆ 통조림 옥수수를 사용한다면 국물은 제거하고 옥수수만 볶는다.
3 다시 팬에 버터를 둘러 마늘을 살짝 볶다가 1의 새우를 넣고 중간 불에서 10분 정도 새우가 타지 않도록 앞뒤로 잘 뒤집으며 익힌다.
4 호밀빵을 180도로 예열한 오븐에 5분간 굽는다.

5 방울토마토는 반으로 자른 후 2, 3, 4와 함께 그릇에 담는다.

6 분량의 드레싱 재료를 잘 섞어 5 위에 골고루 뿌린 후 통후추를 갈아서 넣는다.

7 구운 호밀빵과 곁들인다.

고양이는, 집

　우리 집에는 3살 호박이와 4살 미로가 함께 산다. 미로와 호박이가 함께 놀거나 집 안 곳곳을 유유히 지나다니거나 세상모르고 자는 모습을 지켜보다 보면 시간이 금세 흐른다. 2층으로 이사 오면서 가장 좋은 점은 창밖에 있는 큰 감나무에 박새와 까치, 참새 등 여러 새가 자주 들른다는 것이다. 고양이들도 새가 오면 신이 나서 꽤 오래 창 앞을 지키고 앉아있다. 까치가 우는 소리를 비슷하게 따라 하다가 금방이라도 달려 나갈 것처럼 진지한 준비 태세를 갖추기도 한다. 내가 소파에 걸터앉아 TV를 보거나 책을 읽고 있으면 어느새 옆으로 다가와 곤히 잠을 잔다. 그 모습이 너무 사랑스러워 한참을 쓰다듬으며 바라보기도 한다. '너도 네가 이렇게 귀여운 것을 알고 있니?' 궁금할 만큼 어제보다 오늘 더 귀엽다.

　원래 집에 있는 것을 좋아하는 편이었지만, 고양이들과 가족이 되면서부터는 집에 있는 것을 좋아해서라기보다 고양이들과 있고 싶어서 집에 머물게 된다. 외출을 했다가도 너무 오래 밖에 있는 게 아닌지, 고양이들이 물컵을 엎지르지는 않았는지, 우리 걱정을 하지는 않을지(전혀 하지 않겠지만) 염려가 되어 예전만큼 늦게 귀가하지 않으려고 한다.

얼마 전 아는 분이 오랜 시간 함께하던 반려묘를 고양이 별로 떠나보냈다는 소식을 들었다. 위로의 말을 전하기가 미안할 정도로 이별의 슬픔이 얼마나 클지 짐작조차 되지 않아 몇 번을 망설이다 기도하겠다는 말밖에 전하지 못했다. 죽어서 만나게 되면 다시 가족이 되고 싶을 만큼 소중한 우리 고양이들. 오래오래 건강하고 나름대로 행복한 시간을 보냈으면 좋겠다. 고양이들과 눈을 마주칠 때마다 조용히 기도한다. 나중에도 또 우리가 가족으로 만날 수 있기를. 사랑하는 우리 미로, 호박이! 그리고 모든 동물 가족들, 건강하고 행복해야 해.

주말의 토스트

구운 방울토마토와 달걀 토스트

식빵 1쪽, 에멘탈 치즈 2조각, 구운 방울토마토 100g(217쪽 참고),
마늘 1쪽(선택), 달걀 1개, 초리소 약간, 버진 올리브 오일 2T, 통후추 약간

20분

1 냄비에 물을 붓고 달걀을 물이 끓기 시작할 때부터 넣어
6분간 삶은 다음, 식으면 반으로 자른 후 얇게 썬다.
∵ 취향에 따라 반숙 또는 완숙으로 삶는다.
2 식빵을 180도로 예열한 오븐에 4분간 굽는다.
3 팬에 초리소를 잘게 잘라 넣고
중간 불에서 충분히 익을 때까지 볶는다.
4 마늘은 잘게 편썰기하고 버진 올리브 오일을 두른 팬에
튀기듯이 바삭하게 굽는다.
5 구운 식빵 위에 에멘탈 치즈와 삶은 달걀,

구운 방울토마토를 차례로 올린다.

6 5 위에 볶은 초리소와 구운 마늘을 모두 올리고, 통후추를 갈아서 뿌린다.

〚 구운 방울토마토 〛

방울토마토 500g, 바질 가루 약간, 마늘 2~3쪽,
방울토마토와 같은 분량의 올리브 오일, 소금 약간

1시간 30분

1 깨끗하게 씻은 방울토마토를 반으로 자르고,
오븐용 그릇에 잘린 면이 위로 오도록 담는다.

2 1의 토마토에 올리브 오일(6t)과 소금 한 꼬집, 바질 가루를
골고루 뿌리고 수분이 날아가도록 실온에 20~30분 둔다.

3 120도로 예열한 오븐에 2를 1시간 동안 구운 뒤,
중간에 살펴보고 30분에서 1시간 정도 더 굽는다.

4 3을 꺼내 식힌 다음 열탕 소독한 병에 마늘과 함께 넣고,
토마토가 완전히 잠기도록 올리브 오일을 채운다.

구운 방울토마토와 미니 사과 토스트

호밀빵 1쪽, 방울토마토 4~5개, 미니 사과 1개, 마늘 2쪽, 올리브 오일 2T,
화이트 발사믹 비네거 1t, 꿀 1T, 소금 약간, 통후추 약간

20분

1 호밀빵을 180도로 예열한 오븐에 4분간 굽는다.

2 마늘은 얇게 썰어 올리브 오일을 두른 팬에 볶다가

방울토마토를 넣어 함께 볶는다.

3 2를 그릇에 담은 후 소금 반 꼬집과

화이트 발사믹 비네거, 꿀을 골고루 뿌려 잠깐 재운다.

4 미니 사과를 잘게 썰어 팬에 넣고 약한 불에서 살짝 볶는다.

5 구운 호밀빵에 3과 4를 올리고 통후추를 갈아서 뿌린다.

얼마 전 알게 된 일본 드라마를 재미있게 보고 있는데, 사랑에 빠진 주인공이 좋아하는 사람과 함께 있는 상황에서 "공기가 맛있다"라고 말했다. 왠지 낯익은 표현이라 곰곰이 생각해보니 오래전 단골 카페 사장님이 어린 딸과 손을 잡고 걷다가 딸이 문득 "아빠, 바람이 맛있어!"라고 했다는 이야기가 떠올랐다. 공기는 미세먼지의 농도에 따라 좋다, 나쁘다 정도로만 생각해왔기 때문에 맛있다는 표현이 무척 인상적이었다. 그 말이 참 귀엽고 좋아서 메모장에 써두었는데 드라마에서 다시 한번 반갑게 만난 것이다.

음식 자체의 맛이 좋을 때도 있지만 먹는 순간의 분위기와 그 시간이 음식을 더 맛있게 느껴지도록 도울 때가 있다. 유명한 셰프가 만들어주는 음식이 아니어도, 내가 정성껏 만든 음식을 온전히 홀로 앉아 여유롭게 먹을 때면 그 공기까지도 맛있게 느껴진다. 간단한 재료로 후다닥 만든 구운 방울토마토와 사과 토스트를 먹은 날이 그랬다. 개운하게 자고 일어나 차곡차곡 준비한 재료로 완성한 음식을 마음에 드는 그릇에 담아, 창을 열고 밖을 바라보며 고양이들과 앉아서 먹는 이른 아침. 음식은 거들 뿐, 그날 아침의 공기는 참 맛있었다.

구운 파프리카 토스트

호밀빵 1쪽, 빨간 파프리카 1개, 올리브 오일 1T, 화이트 발사믹 비네거 1t,
꿀 1/2T, 크림치즈 약간(선택), 소금 약간, 통후추 약간

20분

1 파프리카를 씻어 꼭지와 씨를 제거하여 4등분하고,
180도로 예열한 오븐에 25~30분간 굽는다.
2 1에 랩을 씌워 식힌 후 겉부분의 껍질을 벗겨 그릇에 담는다.
3 2에 올리브 오일과 화이트 발사믹 비네거,
꿀을 넣어 버무린 다음 통후추를 갈아서 뿌린다.
4 호밀빵을 팬에 올리고 약한 불에 잘 뒤집으며 굽는다.
5 구운 호밀빵 위에 크림치즈를 바르고 3의 파프리카를 올린다.
∵ 플레인 요거트와 그래놀라를 곁들여 먹으면 더 맛있다.

얼그레이 복숭아 토스트

호밀빵 1쪽, 복숭아 1/2개, 얼그레이 티 찻잎 약간(1~2t), 크림치즈 약간, 꿀 1T

40분

1 얼그레이 찻잎을 곱게 갈고, 복숭아는 깍둑썰기한다.
2 썬 복숭아에 얼그레이 찻잎을 골고루 뿌리고 냉장고에 30분간 넣어둔다.
3 팬에 호밀빵을 구워 크림치즈를 바르고 꿀을 뿌린다.
4 냉장고에서 2를 꺼내 3 위에 올린다.

∴ 남은 복숭아(1/2개)로 복숭아 주스를 만들어 함께 먹어도 좋다.

대학 시절 친한 친구가 "나는 여름이 좋아! 특히 여름밤은 더 좋아!"라는 말을 자주 했었는데, 그때는 이렇게 더운 여름이 도대체 왜 좋은 걸까 싶었다. 당시 살던 원룸은 좁았고, 에어컨은 고장 나기 일쑤라 내게 여름은 견디는 편에 가까운 계절이었기 때문이다. 물론 여름의 깊은 녹색은 좋았다. 녹음이 우거진 여름의 거리를 걸으면 근사한 단어 한가운데로 걸어 들어가는 기분이 들 정도로 황홀하니까.

시간이 한참 지나고 나니 이제는 나도 그 친구의 말처럼 여름이 좋아졌다. 한낮에는 밖에 잠깐만 서 있어도 금세 온몸에 땀이 흠뻑 날 정도로 볕이 뜨겁지만, 밤이 되면 열기를 조금이라도 식히려는 듯 제법 선선한 바람이 분다. 낮이 너무 뜨거워서 그런지 밤은 다른 계절보다 더 깊게 느껴진다. 이 강렬한 대비가 언제부턴가 싫지 않다가 점점 좋아하는 마음으로 바뀌었다. 복숭아는 이렇게 좋은 여름의 대표 과일이다. 올 여름에는 복숭아를 특히 많이 먹었다. 주스로도 먹고, 후식으로도 먹고, 토스트로 만들어서 먹고, 이렇게 저렇게 먹다 보니 한 상자를 금방 비웠다. 그 맛을 떠올리니 복숭아도 여름도 벌써부터 그리워지려 한다.

석류 토스트

호밀빵 1쪽, 레몬 버터 약간, 크림치즈 원하는 만큼, 석류 1/2개, 레몬 제스트 약간

15분

▼▼▼▼

1 석류의 과육만 준비한다.

2 호밀빵을 팬에 올리고 약한 불에 잘 뒤집으며 굽는다.

3 구운 호밀빵에 레몬 버터는 얇게, 크림치즈는 듬뿍 바른다.

4 3 위에 1과 레몬 제스트를 차례로 올린다.

브리 치즈와 사과 토스트

호밀빵 또는 바게트 1쪽, 사과 1/2개, 브리 치즈 40g, 베이컨 2줄,
어린잎 채소 약간, 통후추 약간
드레싱: 올리브 오일 2T, 화이트 발사믹 비네거 1~2t, 레몬즙 1t, 소금 약간

20분

1 사과는 얇게, 브리 치즈는 기호에 맞게 두께를 조절하여 썬다.

2 팬에 베이컨을 올리고 중간 불로 바싹 구워 원하는 크기로 자른다.

3 분량의 재료를 넣어 드레싱을 만든다.

4 어린잎 채소는 씻어서 물기를 제거한다.

5 구운 호밀빵에 4와 1을 올리고 드레싱을 뿌린 다음,
구운 베이컨을 올리고 통후추를 갈아서 뿌린다.

요리에 관심을 갖게 되면서 그동안 안 먹던 음식이나 재료들을 다양한 방식으로 먹어볼 용기가 생겼다. 예를 들면 크림치즈나 리코타 치즈 정도는 알고 있었지만, 이렇게나 많은 종류의 치즈가 있었는지 실제로 먹어보면서 새롭게 알게 되었다. 또 치즈마다 어울리는 과일이나 채소가 있고, 곁들여 먹기에 좋은 요리가 있다는 당연한 사실도 나름대로 조합해서 먹다 보니 더 가깝게 알 수 있었다.

가보고 싶던 식당이나 낯선 여행지에서 음식을 먹을 때도 만드는 사람의 눈으로 바라보며 먹게 되니 색다른 재미가 생겼다. '나도 다음에 이렇게 한번 해봐야겠다!'같이 전에 없던 다짐을 하기도 하고, '이 재료는 왠지 이렇게 먹어도 맛있을 것 같아!'처럼 예전의 나라면 할 수 없었을 나름 과감한 도전도 하게 되었다. 흥미 없던 분야에 관심이 생기면서 새로운 경험을 하게 되고 그 경험이 일상 속의 기쁨이 되어 차곡차곡 쌓여간다.

으깬 감자와 사과 토스트

호밀빵 1쪽, 햇감자 1개, 사과 1/2개, 마요네즈 2T,
화이트 발사믹 비네거 1t, 설탕 1T, 통후추 약간

20분

1 전용 용기에 감자를 넣고, 물을 감자의 1/3까지 채운 뒤 전자레인지에 7~8분간 돌린다.
2 감자를 꺼내 잠깐 식혔다가 따뜻할 때 껍질을 벗긴다.
3 준비한 사과 1/2개의 절반만 잘게 썬다.
4 껍질 벗긴 감자를 포크로 으깨고 3을 넣은 다음, 마요네즈와 화이트 발사믹 비네거, 설탕을 넣어 버무린다.
5 호밀빵을 팬에 올리고 약한 불에 잘 뒤집으며 굽는다.
6 구운 호밀빵에 4를 올리고 그 위에 남은 사과를 반달 모양으로 썰어 올린 뒤, 통후추를 갈아서 뿌린다.

햇감자 토스트

호밀빵 1쪽, 햇감자 1개, 방울토마토 1개, 쪽파 약간, 버터 5g,
마요네즈 2T, 소금 약간, 통후추 약간

15분

1 전용 용기에 감자를 넣고, 물을 감자의 1/3까지 채운 뒤 전자레인지에 7분간 돌린다.
2 감자를 꺼내 잠깐 식혔다가 따뜻할 때 껍질을 벗긴다.
3 껍질 벗긴 감자에 버터를 넣어 으깬 후, 소금 한 꼬집과 마요네즈를 넣어 버무린다.
4 호밀빵을 팬에 올리고 약한 불에 잘 뒤집으며 굽는다.
5 방울토마토는 얇게 썰고 쪽파는 잘게 썬다.
6 구운 호밀빵 위에 3과 5를 올리고 통후추를 갈아서 뿌린다.

SNS에서 알게 된 친구들 중에는 10년을 채울 정도로 오래 알고 지낸 친구도 있다. 친구라고 해도 될지 모르겠지만 마음만은 가깝게 닿아있으니 그렇게 부르고 싶다. 이름도 사는 곳도 정확히 모르지만 맛있었던 음식이나 즐겨 찾는 장소에 대한 이야기, 여행지에서의 경험 같은 일상의 단면들을 보다 보면 만나지 않아도 부분적인 친밀감이 생기는 모양이다. 어느 날은 한 친구가 감자를 쉽게 찌는 방법을 SNS에 올렸는데 찜기나 압력솥이 아니라 전자레인지에 찌는 것이었다. 더구나 시간도 얼마 걸리지 않았다. 어릴 적 흐린 날에 집에서 설탕을 찍어 먹던 찐 감자가 종종 그리웠지만, 찌는 일은 왠지 번거롭다는 생각이 들어서 미루고만 있던 찰나에 친구가 올린 방법을 보고 용기가 생겼다. 마침 회사 동료가 부모님께서 농사지으신 햇감자를 나눠주었는데 크기도 적당하고 빛깔도 좋았다.

　전자레인지용 그릇에 감자를 담고 감자가 자작자작하게 잠길 정도로 물을 부은 뒤, 7~8분 정도 돌리면 완성이다. 조리하는 동안 물이 튀는 소리가 나서 잠깐 불안했지만 큰 문제없이 맛있게 쪄졌다. 이런 꿀팁을 알려준 친구에게 다시 한번 고마운 마음. 찐 햇감자는 다른 것 없이 감자만 먹어도 맛있고, 그보다 든든한 한 끼를 먹고 싶다면 토스트를 만들어 먹어도 좋다.

삶은 달걀과 사과 토스트

**호밀빵 1쪽, 달걀 2개, 사과 1/2개, 마요네즈 3T, 홀그레인 머스터드 1/2T,
브리 치즈 약간(20g), 소금 약간**

15분

1 끓는 물에 소금 한 꼬집과 식초를 넣고 달걀을 10분 동안 삶는다.
2 사과를 잘게 썬다.
3 삶은 달걀을 식히고 껍데기를 벗겨 흰자는 잘게 썰고,
노른자는 포크로 으깨 접시에 따로 담아둔다.
4 호밀빵을 150도로 예열한 오븐에 5분간 굽는다.
5 잘게 썬 사과와 달걀 흰자를 그릇에 담고
마요네즈와 홀그레인 머스터드를 넣어 잘 버무린다.
6 브리 치즈를 빵 크기에 맞게 잘라 구운 호밀빵에 올리고,
으깬 노른자와 5를 올리고 통후추를 갈아서 마무리한다.

삶은 달걀과 야채 토스트

호밀빵 1쪽, 바질 가루, 달걀 1개, 단호박 1/4개(선택),
마늘 2쪽, 어린잎 채소 약간, 루콜라 약간, 통후추 약간
드레싱: 올리브 오일 3T, 바질페스토 1T, 레드 발사믹 비네거 1t, 꿀 2t, 소금 약간

40분

1 달걀을 물이 끓기 시작할 때부터 8분간 삶은 뒤
식으면 껍데기를 벗겨 반달 모양으로 썬다.
   ◆ 취향에 따라 완숙 또는 반숙으로 삶는다.
2 호밀빵을 180도로 예열한 오븐에 5분간 굽는다.
3 분량의 재료를 섞어 드레싱을 만든다.
4 단호박을 얇게 썰어 전자레인지에 2분간 돌린 후,
버터를 두른 팬에 노릇노릇해질 때까지 굽는다.
5 마늘을 잘게 편썰기하고, 올리브 오일을 두른 팬에서

중간 불로 바삭하게 굽는다.

6 어린잎 채소와 루콜라를 깨끗하게 씻어 물기를 제거한다.

7 구운 호밀빵 위에 6, 4, 1, 5를 차례로 올린 다음, 드레싱을 골고루 뿌리고 통후추를 갈아서 뿌린다.

어렸을 때 꽃게철이면 엄마가 꽃게찜을 해주셨는데 나는 성인이 될 때까지 그 꽃게찜이 양념게장인 줄 알았다. 간장게장의 존재를 안 지도 오래되지 않았을뿐더러 몇 번 먹어는 봤지만 특유의 비릿한 냄새와 맛 때문에(다른 사람들은 그 이유로 좋아한다고 들었다) 굳이 찾아 먹는 음식은 아니었다. 엄마의 꽃게찜은 국물이 거의 없고, 양념이 잘 배어있어 나는 당연히 게장일 것이라고 생각했다. 굳이 음식의 이름을 물을 필요가 없었고, 결국 오랜 세월 양념게장을 잘못 알고 살았다. 사회생활을 하며 회식이나 모임에서 게장을 먹는 일이 종종 생기면서 내가 먹던 게장이 그 게장이 아니었음을 비로소 깨달았다. 괜히 남기거나 맛있게 먹지 못할까 봐 누가 "간장게장 좋아해요?"라고 물으면, "아니요. 저는 안 좋아해요"라고 딱 잘라 대답하기도 했다.

 하루는 팀 회식이 있는 날이었다. 정말 맛있는 게장집에 가자기에 대답을 망설이다가 양념게장도 있다고 해서 괜찮을 것 같아 따라나섰다. 구성원 7명 중에 간장게장을 못 먹는 사람은 나뿐이었지만, 배려하는 차원에서 간장게장과 양념게장을 절반씩 주문해주었다. 나는 그냥 양념게장만 먹어야겠다고 생각하며 걱정 반 기대 반으로 음식이 나오기를 기다렸다. 그릇에 푸짐하게 담긴 음식이 나오고, 사람들이 한번 먹어보라며 권유를 하기에 내키지는 않지만 간장게장의 다리 하나를 집어 들었다.

'엇, 맛있잖아!' 아차 싶었다. 게장을 못 먹는 게 아니었다니.

"맛있는데요!"

그때부터는 주저 없이 등딱지에 밥까지 싹싹 비벼 남김없이 맛있게 먹었다. 그렇게 최근 들어 먹게 된 음식에는 곱창이나 달걀 반숙이 있다. 간장게장을 접하고부터는 못 먹는 음식을 대하는 태도도 예전보다 훨씬 적극적으로 변했다. "못 먹어요"라고 대답부터 하지 않고, 내가 편견을 갖고 안 먹어왔던 것은 아닌지 먼저 돌이켜본다. 세상은 넓고 내가 모르는 맛있는 재료는 많다. 또 그 음식을 요리하는 방식은 다양하니까. 이제라도 편 가르던 음식들을 열린 마음으로 만나보고, 새로이 알아갈 생각이다. 완숙은 완숙대로 반숙은 반숙대로 맛있으니까!

자두 감자 토마토 토스트

호밀빵 1쪽, 버터 5g, 햇감자 1개, 자두 1개, 방울토마토 2개, 리코타 치즈 약간, 어린 루콜라 약간, 올리브 오일 2T, 꿀 1/2T, 레몬즙 1t, 소금 약간, 통후추 약간

15분

▾▾▾▾

1 전용 용기에 감자를 넣고, 감자의 1/3까지 물을 채운 뒤 전자레인지에 7분간 돌린다.
2 감자를 꺼내 잠깐 식혔다가 따뜻할 때 껍질을 벗기고, 소금과 버터를 넣어 으깬다.
3 방울토마토는 반으로 자르고 자두는 반달 모양으로 썬 다음, 올리브 오일과 꿀, 레몬즙을 함께 섞어 10분 정도 재운다.
4 호밀빵을 팬에 올리고 약한 불에 잘 뒤집으며 굽는다.
5 구운 호밀빵에 리코타 치즈를 바르고 씻어서 물기를 제거한 루콜라와 2, 3을 차례로 올리고 통후추를 갈아서 뿌린다.

밤조림 토스트

견과류가 들어간 호밀빵 1쪽, 밤조림 5~6알(252쪽 참고),
크림치즈 원하는 만큼, 흑설탕 1t, 요거트 80g, 아몬드 슬라이스 약간

5분

1 밤조림을 원하는 만큼 꺼내 반으로 자른다.

2 호밀빵을 팬에 올리고 약한 불에 잘 뒤집으며 굽는다.

3 구운 호밀빵에 크림치즈를 바르고 1을 올린다.

더 달콤하게 먹고 싶다면, 흑설탕을 약간 뿌린다.

∺ 아몬드 슬라이스를 넣은 요거트와 함께 먹으면 더 맛있다.

〚밤조림〛

밤 500g, 설탕 250g, 간장 1T, 베이킹소다 2~3T

하루

▾▾▾▾

1 따뜻한 물에 밤을 넣고 1시간 정도 불린 다음, 속껍질(율피)이 상하지 않도록 겉껍질만 벗겨 베이킹소다를 푼 물에 하룻밤 재운다.

2 1을 그대로 냄비에 붓고, 약한 불에서 30~35분간 거품을 걷어가며 끓인다.

3 2의 밤을 찬물에 헹구고, 다시 물을 부어 약한 불에서 30분 더 끓인다. 이 과정을 두 번 반복하고 물을 버린다.

4 3의 밤이 모두 잠길 정도로 물을 붓고, 분량의 설탕을 넣어 약한 불에서 끓이다가 물이 처음보다 졸아들면 간장을 넣고 10~15분간 더 끓인다.

5 열탕 소독한 병에 4의 밤을 담아 식히고 냉장고에 넣는다.

∺ 바로 먹어도 맛있지만 2~3일 후에 먹으면 더 맛있다.

날씨는 늘 금세 추워지고 금세 더워지는 느낌이다. 올 가을도 이렇게 스치듯 지나가고 있다. 가을이 오면 떠오르는 음식이 많지만, 몇 해 전부터는 밤조림이 가장 먼저 생각난다. 한국에서도 리메이크된 영화 <리틀 포레스트>를 보고 처음 밤조림을 만들어 먹었는데, 시간이 오래 걸리고 번거롭긴 해도 절대 배신하는 음식이 아니라는 것을 깨달았다. 작년에는 남편과 앉아서 손에 자국이 깊게 남을 때까지 깐 밤으로 밤조림을 만들어 먹었는데 간밤의 고생스러움이 잊힐 만큼 정말 맛있었다.

  밤조림은 커피, 우유, 빵 할 것 없이 여기저기 잘 어울려서 곁들여 먹다 보면 금방 없어진다. 올해도 벼르고 벼르다 하필 야근을 마친 늦은 저녁에 밤을 까려고 둘이 마주 앉았다. 언제 다 까나 싶던 시간이 다행히도 좋아하는 TV프로그램을 보다 보니 얼른 지나갔다. 오늘은 참았다가 내일 더 맛있게 두 번 먹어야지!

버터 카레 토스트

**호밀빵 또는 바게트 1쪽, 카레 밥 공기 1/2(256쪽 참고),
버터 10g, 지단 약간(선택)**

5분

1 카레를 데운다.

2 호밀빵을 팬에 올리고 약한 불에 잘 뒤집으며 굽는다.

3 구운 호밀빵 위에 버터를 바르고 그 위에 카레를 올린다.

4 기호에 따라 지단을 카레에 곁들여도 좋다.

◈ 이 토스트를 만들기 위한 빵을 사야 한다면, 호밀빵을 추천한다.
카레를 좋아한다면 무슨 빵이든 상관없겠지만
바삭한 빵보다는 부드러운 빵과 먹으면 더 맛있다.

〚 카레 〛

2~3인 기준

양파 2개, 당근 2개, 감자 2개,

간 돼지고기 100~200g, 고형 카레, 파프리카 파우더 약간

1시간

▼▼▼▼

1 양파는 잘게 다지고 당근, 감자는 깍둑썰기한다.

2 팬에 양파부터 중간 불로 5분 정도 충분히 볶은 다음,

당근과 감자를 넣고 1~2분 더 볶는다.

3 2에 돼지고기를 넣고 소금과 통후추, 파프리카 파우더를 뿌려

붉은 기운이 없어질 때까지 중간 불로 볶는다.

4 3에 물을 넣고 10분간 끓인다.

5 4에 고형 카레를 넣고 20분 정도 더 끓여 완성한다.

◈ 고형 카레는 S&B 골든 카레(매운맛)를 사용했다.

불과 몇 년 전만 해도 카레는 있으면 먹는 메뉴였다. 드라마나 영화에서 카레를 먹거나 만드는 장면이 나오면 '사람들은 카레를 좋아하는구나' 생각하는 정도였다. 그러던 어느 날, 남편이 카레를 만들어줬는데 웬일인지 맛있었다. 양파, 당근, 감자 등 갖은 야채를 넣고 볶다가 고형 카레를 넣어 오랫동안 푹 끓인 카레는 내가 먹어왔던 것과는 조금 달랐다. 늘 먹던 인스턴트 카레는 노란 빛깔이었는데 남편이 만든 카레는 갖은 재료들을 넣고 푹 끓여서인지 검붉은 색이었다. 그 후 카레는 점점 집에서 자주 만들어 먹는 음식 중 하나가 되었고, 너무 오래 안 먹었다 싶으면 '이제 먹을 때가 되지 않았나' 하는 생각이 들기도 한다.

특히 하루 묵은 카레는 밤새 '이래도 맛있다는 소리가 안 나오나 보자!' 하고 맛있어지려는 마음을 굳게 먹은 것처럼 참 맛있다. 하루 지난 카레는 밥도둑이면서 버터를 올린 빵에 얹어 먹으면 두말할 것 없이 빵도둑도 된다.

고구마 수프와 와사비 크림치즈 토스트

호밀빵 1쪽, 고구마 1개, 우유 100ml, 와사비 약간, 크림치즈 약간,
아몬드 슬라이스와 파슬리 가루 약간

20분

1 고구마를 씻어 전자레인지에 5분간 돌린 다음
식혔다가 껍질을 벗긴다.
2 우유에 1의 고구마를 담아 믹서로 간다.
3 2를 냄비로 옮겨 5분 정도 끓여 그릇에 담고,
파슬리 가루를 뿌리면 고구마 수프 완성.
4 와사비와 크림치즈를 1:3 비율로 넣고 섞은 뒤,
아몬드 슬라이스를 넣고 다시 섞는다.
5 팬에 잘 구운 호밀빵 위에 4를 바르고, 고구마 수프에 곁들인다.

어렸을 때부터 엄마는 간단하게라도 아침밥을 늘 챙겨주셨다. 지금도 여전히 아침은 잘 챙겨 먹고 다니라고 이야기하시지만, 매일 챙겨 먹기는 힘들어서 이틀에 한 번 정도 먹는 편이다. 출근 시간이 비교적 늦은 편이라 아침을 먹고 출근하면 얼마 안 있어 점심시간인데 그러면 점심을 든든히 먹기가 힘들고, 그 여파로 이른 오후만 돼도 배가 고픈 악순환이 반복되기 때문이다. 그래서 아침은 되도록 조금 먹고, 대신 먹고 싶은 음식을 정성을 다해 만들어 먹는 것으로 정했다.

적은 양이지만 먹고 나면 배가 불러서 40분 남짓 되는 거리를 걸어서 출근하기도 한다. 아침에 음식을 만드는 것은 사실 정말 귀찮은 일이다. 불과 1년 전의 나라면 절대 하지 않았을 선택이다. 하지만 오늘처럼 마음에 쏙 드는 수프와 토스트를 먹은 날은 쌓여 있는 설거지거리들은 잠깐 뒤로하고 하루를 굳건히 버티기 위한 호랑이 기운을 끌어모을 수 있다. '이른 아침부터 고구마 수프도 만들어 먹은 나인데! 오늘 하루 잘 보내야 하지 않겠어? 후훗.' 출근하는 발걸음도 가볍다.

새우 감바스

호밀빵 1쪽, 냉동 새우 5~6마리, 마늘 5~6쪽, 페퍼론치노 4~5개, 바질 가루 약간, 올리브 오일 10T, 바질 크림치즈, 소금 약간, 통후추 약간

30분

1 해동한 새우를 물에 담가 굵은 소금 한 꼬집을 뿌리고 5분 정도 두었다가 찬물에 씻는다.

2 호밀빵을 180도로 예열한 오븐에 4분간 굽는다.

3 마늘은 편썰기한 뒤, 팬에 분량의 올리브 오일을 붓고 페퍼론치노와 함께 넣어 1~2분간 중간 불에 끓인다.

4 3에 물기를 제거한 새우를 넣고, 소금 한 꼬집과 바질 가루를 골고루 뿌린 뒤 새우가 익을 때까지 끓이면 감바스 완성.

5 구운 호밀빵에 바질 크림치즈를 바르고 감바스에 곁들인다.

단호박 수프와 귤 샐러드

〖 단호박 수프 〗

단호박 1개, 우유 200ml, 소금 약간, 통후추 약간, 파슬리 가루 약간

40분

▾▾▾▾

1 단호박을 깨끗이 씻어 전자레인지에 2~3분간 돌린다.

2 단호박을 꺼내 껍질을 벗기고, 반으로 잘라 숟가락으로 씨를 파낸다.

3 2의 단호박을 조각조각 썬 뒤 랩을 씌워 7~8분간 전자레인지에 돌린다. 식으면 우유와 함께 믹서에 넣고 간다.

4 3을 냄비에 붓고 소금 한 꼬집을 넣은 후, 타지 않도록 저으며 약한 불에서 알맞은 농도가 될 때까지 끓인다.

◈ 우유로 농도를 조절한다.

5 4를 접시에 담고 통후추와 파슬리 가루를 차례로 뿌린다.

〚 귤 샐러드 〛

귤 1개, 어린잎 채소 약간, 방울토마토 약간(선택)
드레싱: 올리브 오일 2T, 화이트 발사믹 비네거 1t, 청귤청 1T

5분

▾▾▾▾

1 껍질을 벗긴 귤을 반달 모양으로 자르고,
방울토마토는 반으로 자른다.

2 어린잎 채소는 씻어서 물기를 제거한 뒤 접시에 1과 함께 올린다.

3 분량의 재료를 섞어 드레싱을 만들고 2에 골고루 뿌린다.

∺ 청귤청이 없다면 작은 귤 1개의 즙을 짜서 넣거나
레몬 주스, 레몬즙으로 대체해도 좋다.

엄마가 죽이나 수프를 만들어 내어주면 맛있게 먹곤 했지만, 타지에 나와 홀로 자취를 하면서는 아프거나 속이 좋지 않을 때 죽이나 수프를 만들어 먹기가 쉽지 않았다. 그릇에 단출하게 담겨 나오는 것에 비해 만드는 과정은 어렵고 복잡했기에 기운이 없을 때 간편하게 만들어 먹을 수 있는 음식은 절대 아니었다. 그럼에도 간절하게 생각이 나면 집 근처에 있는 죽 가게에 전화를 걸어 주문한 뒤, 무거운 몸을 이끌고 포장된 죽을 가지러 갔었다.

당시에는 죽 가게에서 배달을 하지 않아서 가게에 가서 먹거나 방문해서 직접 가져오는 방법밖에 없었다. 죽을 찾아서 집에 돌아오는 길은 죽을 찾으러 가는 길보다 몇 배는 길게 느껴졌고, 집에 와서 죽과 밑반찬의 뚜껑을 모두 열고 나면 어쩐지 기운이 다 빠져나가서 한두 숟갈 만에 먹고 싶은 생각이 금세 사라졌다.

죽이나 수프는 여전히 아프고 속이 좋지 않거나 또는 기운이 없을 때 생각나는 음식이지만, 직접 끓여 먹는 것은 오히려 시간적인 여유나 기운이 있을 때다. 때마침 처치 곤란한 단호박이 집에 있어서 일요일 아침부터 부지런히 재료를 준비해 수프를 만들었다. 단호박 1개로는 혼자 먹어도 금방 다 비울 만큼의 적은 양밖에 만들 수 없지만, 수고로움은 1인분이나 2인분이나 비슷하므로 맛있게 먹고 난 뒤에는 당분간 만들지 말아야지 조용히 생각한다. 그래도 정성스럽게 만든 단호박 수프는 몸과 마음을 따뜻하게 채워준다. 이 기운으로 남은 주말은 더 즐겁게 보내봅시다.

딸기 토스트

호밀빵 1쪽, 딸기 4~5개, 휘핑 크림 100ml, 설탕 2T,
메이플시럽 1T(선택), 피스타치오 약간

15분

1 휘핑 크림과 설탕을 볼에 넣고 휘핑기로 저어 크림을 만든다.

   ∷ 휘핑 크림을 만들기 어렵다면, 빵집에서 파는 생크림을 이용해도 좋다.

2 호밀빵을 팬에 올리고 약한 불에 잘 뒤집으며 굽는다.

3 구운 호밀빵에 메이플 시럽을 뿌리고, 1의 휘핑 크림을 바른다.

4 3에 딸기를 반으로 잘라 올리고 피스타치오도 잘게 다져 올린다.

산책 같은 주말, 주말 같은 산책

대학에 입학하고, 학교 앞에서 처음 자취를 시작한 집은 2층짜리 단독주택이었다. 문을 열고 들어서면 바로 작은 뜰이 보였고 그 가운데 감나무가 한 그루 있었다. 그때 시작된 감나무와의 인연은 우연처럼 반복되어서 이후로 살았던 몇몇 집 주변에도 감나무가 있었다.

지금 살고 있는 집을 보러 왔을 때가 늦은 가을이었는데, 이 집 앞에도 무성한 나무 사이로 감나무가 보였다. '앗, 감나무다!' 키가 큰 감나무의 잎들이 창을 통해 집 안으로 들어와 있는 것처럼 느껴질 정도로 집과 가까이 닿아있었다. 감나무 때문에 이 집을 선택했다고 하기는 어렵지만 감나무와 오래된 아파트 단지의 정취, 걸어서 5분 거리에 있는 나무가 많은 오래된 공원이 이 집을 선택하는데 큰 몫을 한 것은 분명하다.

오랜 시간을 보낸 건강한 나무들은 일상에 숨 쉴 틈을 준다. 바람이 좋은 날, 창을 열고 앉아있으면 바람에 잎들이 서로 부딪히는 소리가 들린다. 얼마나 그 소리가 아름다운지 한참을 듣다가 그 모습이 궁금해져 창가까이에 서서 멍하니 보고 있게 된다. 주말에는 대충 옷을 챙겨 입고 5분 거리의 공원으로 나간다. 머리 위로 천천히 흔들리는 나무를 보고, 어제는 덜 피었던 동백이 환하게 피어있는 반가운 모습도 마주친다. 봄이

오면 모든 식물이 조금씩 색을 찾아가고, 여름이면 겹겹의 초록이 셀 수 없이 많다. 가을에는 그 많던 초록이 저마다 다른 붉은 색으로 변하고, 점점 색을 잃은 채 땅으로 진다. 겨울에는 앙상해진 나무 사이로 코끝까지 차가운 바람이 고요하게 분다.

산책을 하면 머릿속에 머물던 복잡한 생각은 잠깐 치워두고, 당장 내 눈 앞의 아름다운 것들을 볼 수 있어 좋다. 특히 봄과 여름에는 '이렇게 크고 건강한 잎들이 내 곁에서 움직이는데, 자라나는데'라고 생각하면 가라앉아있던 기분이 좋아지고 머릿속이 맑아져서 가벼운 마음으로 얼마든지 걸을 수 있다. 한참을 걷다가 공원이 내려다보이는 단골 벤치에 앉아있으면 '산책은 이렇게 좋구나!' 하고 새삼 온갖 것에 고마운 마음이 든다. 그렇게 내 산책은 편안한 쉼이 있는 주말 같고, 주말은 건강한 기운을 주는 산책 같다. 머릿속이 복잡할 때는 대충 챙겨 입고 우선 걷자. 걷다 보면 나무가 보이고 나무는 우리를 살펴줄 테니!